AUTOUR D'UNE VIEILLE ÉGLISE

VICTOR BOUILLON

AUTOUR

D'UNE

VIEILLE ÉGLISE

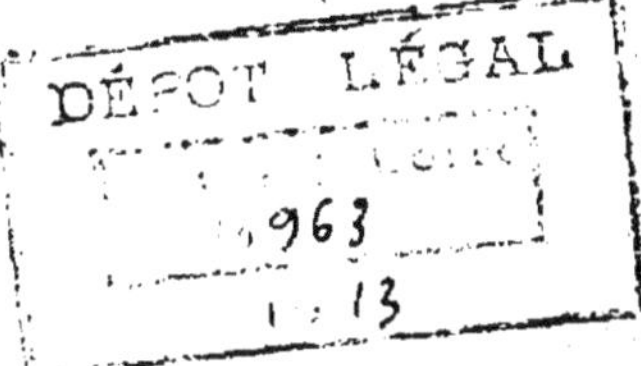

« Toute région présente une
pensée et cette pensée demande
à pénétrer les cœurs. »

MAURICE BARRÈS.

PARIS

BLOUD ET GAY, ÉDITEURS

7, PLACE SAINT-SULPICE, 7
1 ET 3, RUE FÉROU — 6, RUE DU CANIVET
1914
Tous droits réservés.

Imprimatur.

Nice, le 4 mai 1913.

F. CHANVILLARD,
Vic. gén.

A MAURICE BARRÈS

l'illustre défenseur des vieilles églises

je dédie ce livre

comme un témoignage

de la reconnaissance que lui gardent

pour sa belle campagne

tous les curés de France.

V. B.

AUTOUR
D'UNE VIEILLE ÉGLISE

I

APRÈS-MIDI D'ÉTÉ A LA MONTAGÑE

Deux heures. Un ciel tout bleu, où le soleil flamboie ; un splendide morceau d'azur que les sommets découpent avec une netteté singulière, et où les yeux chercheraient en vain trace de nuage. Là-dessous, la vallée s'étend immobile et comme alourdie. Pas le plus léger souffle d'air n'agite les brins d'herbe. Et, ce qui est plus étrange, pas de bruit. Tout est lumière, silence, apaisement.

Il y a là vraiment quelque chose d'inaccoutumé, un phénomène que j'ai perçu dès ma sortie dans le village, où se découpaient dans l'ombre des murailles des plaques de soleil trop éclatantes, où les rues semblaient trop désertes et les maisons trop closes. Ils ne dorment cependant pas, les gens d'ici. Je sais qu'on les trouverait dans les champs, heureux d'utiliser une telle journée pour achever leurs pommes de terre. Mais d'autres jours il faisait beau, les cultivateurs travaillaient, et il n'y avait pas ce silence. L'on percevait des cris, des appels, des bruits de charrettes, toute cette musique des vivants qui flotte habituellement, ici, sur le silence des choses, et qui ne tombe tout à fait qu'avec le soir. Surtout il n'y avait pas cette lumière, le resplendissement d'un tel soleil dans un ciel si profondément bleu. Tout en arpentant mon jardin, j'écoute, je regarde avec une attention

croissante, faisant effort pour m'abstraire
de tout ce qui n'a pas rapport aux immédiates sensations de cette après-midi pas
ordinaire. Parviendrai-je à me préciser
les éléments dont se compose le je ne sais
quoi d'insolite par où elle m'étonne et me
retient ?

J'aurais pu. en tout cas. la prévoir,
lorsque ce matin. vers trois heures, un
orage s'est déchaîné avec des fracas de
tonnerre et un tel claquement de pluie
sur les vitres que je me suis précipité
vers ma fenêtre. épouvanté, croyant à de
la grêle. L'effet immanquable de ces violentes commotions est de nettoyer le ciel.
Ce déluge a donné à l'atmosphère une
transparence où absolument rien ne fait
obstacle à la réverbération solaire. Et si
tout de même il ne fait pas chaud à l'excès. c'est sans doute que nous sommes à
douze cents mètres, mais c'est aussi que
de la terre et des bois imprégnés par l'on-

dée une fraîcheur émane et nous baigne. Pourtant, malgré la chaleur modérée, il fait lourd. Une fatigue s'exhale de l'accablement des choses. Cette immobilité de tout sous les rayons dardés, ce silence morne, ce bleu qui s'approfondit encore au zénith à mesure que les yeux le fixent, tout cela vous met aux épaules comme un poids, invite irrésistiblement à s'asseoir, à imiter le paysage, où rien ne bouge. Ces conseils s'accordent trop avec l'intime pesanteur que toujours je ressentis de cette heure digestive pour que je diffère longtemps d'y céder. Sous les pruniers, dans les bras d'un fauteuil de bois peint en vert, c'est une position à souhait pour couler avec un minimum de conscience et d'ennui ces instants vagues...

Est-ce de m'être mis, en m'immobilisant à mon tour, à l'unisson des choses autour de moi? Toujours est-il que je commence à me rendre compte de ce qui, dès l'abord, m'avait obscurément impressionné. Mes yeux pénètrent peu à peu le mystère de cette lumière. L'extrême rapprochement des horizons produit par la limpidité merveilleuse de l'air, voilà ce qui, pour mon regard, se précise d'abord. A l'inverse des jours où de légers brouillards, parfois de simples buées flottantes, effacent à demi les plus proches massifs et les reculent, semble-t-il, au delà d'imprécises distances, l'œil est trompé, ce soir, par l'apparente proximité des plus lointains aspects. Dans la netteté d'une atmosphère tout orientale où nulle poussière d'eau, pas la plus légère vapeur, ne brouille la vision, les Colmianes et le Bois-Noir se présentent à portée de la main ; la Balme offre sa pointe pour une escalade enfantine et la chaîne d'Ilonse, à l'autre bout de la vallée, laisse voir la nuance de ses verts et des rougeâtres écorchures qui parsèment ses pentes. Entre ces montagnes et nous c'est comme s'il n'y avait plus d'air, et l'on s'étonne presque de respirer dans cette transparence de vide absolu.

Quelque chose pourtant l'atténue, un je ne sais quoi d'étrangement et subtilement sombre que je ne réussis pas d'abord à me nommer. Dans la si pure clarté de l'atmosphère l'on dirait de l'obscurité diffusée, à dose infinitésimale, comme si le ciel était tendu, dans toute sa largeur, d'un vélum de couleur foncée. Si précise devient à la longue ma perception de ce bizarre phénomène, que je suis comme forcé de lever les yeux pour m'assurer si quelque nuage, là-haut, ne ferait pas écran devant la lumière. Mais non. Le soleil rayonne solitaire au fond du vide bleu. Il n'y a rien pour amortir son éclat où les yeux se brûlent. Qu'est-ce qui peut bien produire alors cet éclairage d'éclipse ? Serait-ce le déploiement du vaste tapis vert de la plaine ou du velours foncé de la forêt? Je crois plutôt que c'est ce large bleu du firmament, ce bleu si intense qu'il semble, à le regarder longuement, comme poussé au noir. Le presque imperceptible obscurcissement dont nous cherchons la cause n'est autre chose que le reflet du sombre azur tombant d'au-dessus le soleil et se mêlant à sa trop fulgurante lumière pour la tamiser d'ombre.

*
* *

Six heures. Le soleil s'incline dans l'ouest à presque toucher l'horizon; au fur et à mesure que son resplendissement décroît, la vallée qu'il incendiait se soulève de sa torpeur et se reprend à respirer. Une brise légère agite les feuilles aux branches de mes pruniers. Dans les prés qui s'étagent en face, le foin prêt à faucher ondule en faisant voir des luisants pâles.

Sur le village des filets de fumée dénoncent l'activité des ménagères. Et voilà que les toits cuivrés s'allument sous les rayons obliques du soleil, comme si revenaient à leur surface tous les rayons qui les ont brûlés pendant le jour ; les minces fumées se colorent d'ocre : des fenêtres associent leurs vitres à ce flamboiement passager. C'est l'affaire de quelques secondes, la plus furtive apothéose. Puis une montagne derrière laquelle descend le soleil prend le village dans son ombre. Cette ombre traverse la plaine, atteint les contreforts du Kair-Gros, commence l'escalade aux flancs de l'énorme montagne, possède bientôt tout le Bois-Noir. Et à mesure que la vallée, s'emplissant d'elle, devient comme une coupe d'ombre, il semble que le ciel s'avive de ces rayons qui lui retournent en délaissant la terre. Des nuages, à l'occident, l'enrichissent, issus l'on ne sait trop d'où, et qui vraiment surprennent sur ce fonds que l'on s'était habitué depuis des heures à voir d'un bleu si pur. Tout d'abord à peine distincts, ils se précisent, prennent forme à mesure que l'éclairage baisse ; et l'on devine aux tons jaunes dont ils se parent que l'heure approche pour eux de s'affirmer, qu'ils vont jouer un rôle dans le tableau final de la féerie, et que cette journée si lumineuse va se clore, comme il convient, par des magnificences de lumière.

Pour mieux posséder le spectacle, je me dirige vers ces prairies qui montent, en se surperposant, vers la Colmiane. C'est l'heure de la rentrée des champs, et dans les entours du village une fermentation, un subit épanouissement d'activité bruyante. Partout des bavardages, des appels et des rires partant en fusée. Un groupe auprès de la fontaine se révèle spéciale- ment gai. Ce sont, adossés aux barrières d'un pré, des jeunes gens, des jeunes filles, des femmes, qui tous dirigent leurs yeux vers un même point de la montagne avec un air d'attente. Voilà un moment qu'ils sont là, et sans cesse il en arrive d'autres. Pourquoi ce rendez-vous joyeux ? Qu'est-ce qu'ils peuvent bien attendre ainsi ? Alors même que je l'ignorerais, des tintements lointains encore et qui semblent venir d'en haut ne tarderaient pas de m'avertir. Les vaches !... L'immense troupeau de plus de deux cents vaches qui descend des pâturages. Elles viennent de déboucher, là-haut, à un tournant du sentier raide et caillouteux qui mène aux crêtes. Elles seront là dans dix minutes, et c'est elles que l'on attend pour les loger aux granges et les soulager de leur lait. A Saint-Dalmas. en cette saison, cela. c'est l'événement de tous les soirs et comme le dernier acte de la journée, après quoi l'on va se coucher. de même que la première occupation, chaque matin, c'est encore de traire les vaches et de les confier aux bergers.

*
* *

L'horloge à présent sonne sept heures. Là-bas, sur l'extrême fond de la vallée, le ciel est d'une splendeur enivrante. Sous le travail de la lumière qui les pénètre, les pétrit, les forme et les déforme, les nuages les plus insignifiants font figure de joyaux superbes et collaborent puissamment à la somptuosité du tableau. En travers de l'horizon, une longue ligne tout à l'heure blanche et de contours si peu arrêtés qu'elle semblait être l'haleine vaporeuse des monts, s'est comme solidifiée sous des colorations d'or vif. Plus haut, de l'or flotte en lingots sur une mer d'azur pâli. C'est de l'or qui fusionne au fond de l'ardente fournaise où le soleil s'enfonce ; les vapeurs qu'elle projette sont couleur d'or et dans l'extrême lointain, à l'arrière-plan de ces magnificences, un pic, un seul, dresse vers le ciel sa pointe d'or.

Dépêchons-nous de les contempler, ces richesses; pour n'en rien perdre, faisons donner, en les multipliant s'il est possible. toutes nos puissances de vision. Car leur fragilité déjà s'indique à des signes non équivoques. L'indécision de certains contours, je ne sais quelle progressive atténuation des teintes, décèlent que tout cela va se transformer, puis s'éteindre, et qu'il faut se hâter d'en jouir avant la décoloration totale. Je voudrais. comme tant d'autres soirs, suivre ces jeux de lumière, ces lentes décroissances de tons, toute l'harmonie de ces passages de l'orangé au rose. du rose au rouge et au violet. Je le voudrais d'abord pour mon plaisir. un peu aussi par sympathie pour ces pauvres nuages éphémères et de rôle si sacrifié. qui resplendissent passagèrement d'un peu de lumière empruntée, apportent leur appoint de gloire au soleil, puis, délaissés par ses rayons. retombent au gris. à l'insignifiance, quand ce n'est pas l'astre lui-même qui les dévore, comme il arrivera sans doute ce soir, tant ils ont l'air pressé, les magnifiques joyaux d'or, d'aller se liquéfier, s'anéantir là-bas dans l'incandescente fournaise.

Oui, j'aimerais les accompagner jusqu'au bout, veiller amicalement leur agonie... Mais trop de bruit se fait maintenant autour de moi pour que je n'en sois pas distrait. Il arrive le grand troupeau, les premières vaches atteignent déjà le bas de la pente, et l'air s'emplit de la sonnerie des clochettes, de tout un grandissant tapage. Elles passent, les vaches, et leurs flancs rebondis proclament qu'elles n'ont pas perdu leur temps, à la pâture. Elles passent traînantes, alourdies de fatigue et de tant de verdure emmagasinée. Plongé dans la senteur des herbes, sur le bord du sentier qu'elles suivent, je m'amuse de leur marche lente visiblement

gênée par le gonflement des mamelles ; je
m'amuse des sons variés des clochettes et
de l'interminable défilé. Elles passent apparemment indifférentes au flamboiement
magique de l'horizon ; mais sans doute
elles ont pris le temps de contempler là-
haut le vaste ciel, car elles en gardent le
reflet bleu au fond de leurs grands yeux...
L'une d'elles, toute jeune, au soyeux pe-
lage brun clair, porte un collier artistement
tressé de fleurs des Alpes, le cadeau d'un
berger, je pense, à sa génisse favorite.
Comme elle passe à deux pas de moi, je
l'attire d'une poignée d'herbe, et tandis
qu'avec gourmandise elle la happe, sa
langue rugueuse grattant ma main, j'admire tout à mon aise le luisant poli de son
mufle, l'extrême douceur de ses prunelles,
la bienveillance et, si j'ose dire, l'humanité
de toute sa figure. N'est-ce pas délicieux
d'ironie que le sentiment humain le plus
noble, celui dont le défaut nous ferait avec

raison traiter de brutes, la bonté, un visage de vache l'exprime mieux que tant de visages d'hommes ou de femmes...

En bas, autour de l'abreuvoir, c'est l'affairement le plus pittoresque, une confusion de cris, de tintements, d'aboiements et de mugissements. Ce brouhaha de foire, vous diriez la liquidation de tout un arriéré de mouvement et de pétulance qui se serait amassé au fond des personnes et des bêtes à la faveur de cette longue journée lourde. Cela dure bien vingt minutes, s'exaspérant à mesure que le gros du troupeau dévale, puis décroissant, s'éteignant presque soudainement, sitôt le bétail rentré. Et cependant que dans la vallée tous bruits tombent, de plus en plus la lumière baisse dans le ciel. Oh ! il est bien splendide encore, l'extinction ne s'est pas produite aussi rapidement que je l'aurais cru. Au-dessus des montagnes baignées de vapeurs violettes, c'est comme un déploiement de soieries roses. Mais plus de morceaux d'or en fusion. Balayé, cet archipel d'or dont les îles voguaient dans la direction du soleil. Effacée même la barre d'or qui flamboyait parallèlement à l'horizon. Seule resplendit encore dans le vertigineux lointain du ciel rose, la montagne à la pointe d'or. Mais elle a changé de couleur, et ce qui s'effile maintenant là-bas, bien par delà le sombre violet des massifs, c'est une vive aiguille de corail rose.

*
* *

Huit heures passées. Le crépuscule achève de s'évanouir dans la nuit. A la base du ciel dont le bleu progressivement tourne au gris, des lueurs se voient encore qui sont comme l'adieu du jour, et à mesure qu'elles pâlissent, l'étoile du soir qui s'est levée au-dessus d'elles resplendit d'un éclat plus vif. Sous ce faiblissant éclairage l'ombre violette, au flanc des montagnes, s'épaissit, se fonce très vite vers le noir. Le silence, installé en maître, paraît s'amplifier de tout ce qui s'épand de nuit dans l'espace; et tandis que le firmament se met ainsi avec la terre à l'unisson dans l'obscurité grandissante, un infini de paix, de recueillement, commence à s'exhaler des choses, et l'âme s'incline à la prière...

Mais voilà qu'un bruit singulier, très vague et presque imperceptible, s'élève dans l'atmosphère silencieuse. Cela paraît venir du fond de la plaine et s'avancer en grandissant sur les ailes de l'ombre. Bruit métallique, que l'on imaginerait produit par les grelots lointainement secoués du char de la nuit. Au bout d'un instant l'on se rend compte. Ce sont des clochettes encore, plusieurs centaines de clochettes sonnant de plus en plus haut dans le silence et s'approchant en cadence pressée. Des vaches n'auraient pas cette allure et ne seraient pas d'ailleurs si tardives. C'est un troupeau de moutons qui rentre. Tous les soirs, vers la même heure, il surgit dans la nuit tombante, épandant sur la vallée prête à s'endormir son même carillon mystérieux. Et je ne saurais dire combien cela saisit et étrangement impressionne de percevoir soudain, alors qu'on n'y voyait presque plus, et que tout paraissait noyé dans le définitif silence, cette sonnerie fantôme.

Après qu'elle s'est évanouie, tout semble se taire davantage et s'envelopper dans plus d'ombre. Le village n'apparaît plus que comme une sombre masse imprécise au milieu d'une plaine cernée par d'autres masses encore plus sombres et plus imprécises. Le vent léger du soir est tombé. Rien ne bouge, on n'entend plus rien, il fait froid. Dans le Val de Blore, sous la confuse lueur des étoiles qui s'allument au ciel bleu nuit, tout est silence, immobilité, mystère.

II

VIEUX VILLAGES

Dans le Val de Blore, des villages sont étagés dont les clochers, émergeant des toits et jetant à toute heure des sonneries, font parler pour l'âme cette vallée, la spiritualisent. C'est d'abord le hameau de Saint-Donnat, quelques granges aux toits rouges dispersées parmi des vignobles et que commande, du haut d'un tertre, une antique chapelle. Plus haut s'aperçoit la Bolline, village sans charme lorsque l'hiver dénude ses châtaigniers et ternit ses prés; mais l'été, c'est un nid de verdure où les ruisseaux chantent et où ce serait charmant

de séjourner, n'était qu'il commence à y
venir trop de monde. Plus haut encore,
les maisons de la Roche semblent accro-
chées au flanc de la montagne. L'on y
découvre certains aspects déjà fort pittoresques. Mais la merveille, à ce point de
vue, c'est incontestablement Saint-Dalmas.
Pour l'atteindre, depuis la Roche, il faut
monter encore durant près d'une heure à
travers des champs et des prés qui se superposent, soutenus par une infinité de
petites murailles en pierres grises. Une
immense forêt de sapins se déploie sur les
pentes, à droite : c'est le Bois-Noir. Bientôt.
du côté opposé, un pic rocheux se montre.
projetant vers l'azur ses grisailles : c'est
la Balme. Puis le village lui-même apparaît, surveillant la plaine.

Saint-Dalmas, avec son église, c'est le
bijou de ce paysage, un chef-d'œuvre que
je ne me lasse pas de goûter. Chaque jour
avec plus de précision et d'aisance, je

l'épelle comme un vieux texte. Tous ses secrets me sont familiers. J'admire son unité, sa force que rend sensible le resserrement de tous ses toits dans une seule muraille. Ici, nulle dispersion, nul éparpillement. Ces maisons éparses alentour sont des granges où logent les bestiaux. Quant au village proprement dit, il est tout ramassé sur lui-même, tassé contre les rafales et contre l'hiver. L'on n'y entre que par trois portes, dont deux semblent, avec leur ogive et leurs pierres noircies, des poternes de château fort. Elles franchies, l'on se sent chez soi, une intimité vous pénètre, je ne sais quelle impression de coin de feu et de bon accueil.

*
* *

La poésie de ces vieux villages, c'est que l'on y sent les siècles et la continuité d'une vie locale qui se déroule avec monotonie, toujours pareille à elle-même. Un jour quelqu'un se promenant avec moi dans Saint-Dalmas, me dit, et de quel air dédaigneux : « Tout de même ce n'est pas la ville. » Par politesse j'en convins. Mais quelle méconnaissance de la vraie beauté ! Ces vieilles maisons noircies, avec leur porte en ogive, ces passages voûtés, ces pignons, ces perrons gardent l'odeur du passé. Voilà ce qui leur donne du sens. Voilà ce qui les rend supérieurs à tant de bâtisses luxueuses et bien alignées, mais dénuées d'âme et de véritable intérêt, car il n'y loge point de souvenirs. Faisons un tour dans ces rues, entrons dans quelques-uns de ces logis. Une même patine recouvre ici les gens et les choses. Des vieilles femmes que nous rencontrons nous saluent d'un gracieux : « Bonjour, monsieur le curé, la compagnie. » Ce simple geste qu'elles accompagnent d'un sourire de leur visage plissé, voilà des siècles qu'elles le

font par leurs aïeux, longtemps encore elle
le feront par leurs enfants. Elles en ont
reçu l'habitude qu'elles transmettront. Et
pour chacun des actes de leur vie, il en est
ainsi. Qu'elles se courbent sur la terre re-
belle ou qu'elles s'agenouillent à l'église, à
ces mouvements des siècles d'ascendants
les plièrent. Voilà ce qu'est, ici, la vie indi-
viduelle : un déroulement continu d'habitudes accumulées. Les enfants font les
gestes de leurs parents. ils mettent leurs
pas dans leurs pas. et c'est. avec le foyer
des aïeux. un peu de l'âme des aïeux qu'ils
héritent.

Mais seront-ils fidèles à cet héritage ?
Dans ces villages que nous parcourons,
nous remarquons que plus d'une maison,
jadis habitée et pleine de cris d'enfants,
reste close et silencieuse. Ah ! la tristesse
de s'arrêter devant un seuil déserté et qui
semble attendre. Ici fut jadis cette noble,
touchante, divine chose : un foyer. Ici, les

ancêtres sont nés ; ici, ils ont vécu. prié, pleuré, chanté, travaillé ; voici le lit de leur sommeil, voici la table de famille où ils s'asseyaient. Ils ont donné ici le jour à leurs enfants. d'ici leurs enfants sont partis. Je ne puis prendre mon parti de ces désertions. Un village que je sens mourir. cela m'émeut comme une jeune fille, hier encore joyeuse et resplendissante de vie. que je verrais soudain dépérir et agoniser.

Saint-Dalmas fut jadis, assurent les chroniques, une bourgade importante qui commandait aux pays voisins. Il avait son seigneur et son abbaye. Mille personnes tiendraient à l'aise dans son église. C'est de Saint-Dalmas que seraient parties les colonies qui fondèrent la Bolline, la Roche et d'autres hameaux. Comment reconnaître un tel centre en ce village perdu de deux cent cinquante âmes à peine ! Ses registres d'état civil témoignent que sa population a décru de près de moitié en un siècle. Il en est de même, à peu près, de beaucoup de pays voisins. Ils souffrent du départ de leur jeunesse pour la ville. Et cette déchéance progressive, cet épuisement, constitue une part de leur charme, la plus subtile peut-être et la plus profonde. Leur puissance, l'espèce de mélancolie que fait sourdre en nous leur aspect présent, naît à la fois des images qu'éveille leur passé et de nos prévisions quant à leur avenir. Nous les aimons, un peu tristement, de s'offrir à nous comme des ruines, quelque chose qui fut, qui vécut et qui peut-être, avant qu'il soit longtemps, n'existera plus.

Mais plus encore que leur village, n'est-ce pas eux-mêmes que ces déracinés étiolent et tuent ? Ils étaient faits pour vivre ici. Ici se trouvaient encloses pour eux les meilleures conditions de santé physique et morale. Ils eussent été, chez eux, de vigoureuses plantes humaines. Sortis de leur atmosphère naturelle, ils dépériront. Faudra-t-il donc désespérer de faire jamais comprendre et accepter ces vérités ?

Un curé de montagne est tout naturellement amené à les répandre. L'hiver, au coin du feu. l'été dans les granges. dans les champs, et quelquefois même à l'église. il s'efforce. en des causeries simples. de faire parler pour ses paroissiens le paysage. Au mirage de la ville. dont rèvent à certaines minutes les meilleurs et qui ne les accueillerait que pour les dévorer. il oppose la vérité, la beauté de leur existence paysanne. Il leur prêche. selon ses moyens, « le culte de la terre et des morts ». Il n'est même pas indispensable. remarquez-le, qu'il ait une claire conscience de son rôle à ce point de vue-là. Pour être socialement efficace, il n'a qu'à être complètement ce que l'on veut qu'il soit : le pasteur. Par la seule vertu de son ministère et quelle que soit son insuffisance personnelle, un curé aide ses paroissiens à se conserver, à rester eux-mêmes. Il fait prédominer dans leur conscience l'ordre de pensées le plus apte à tout maintenir en eux et autour d'eux. Pour défendre ces paysans contre des miasmes qui les assiègent et qui vicient, jusqu'en ces hameaux écartés, l'atmosphère des âmes, rien ne vaut comme de les soumettre aux conseils qu'en toute région une église propose.

II

LA VIEILLE ÉGLISE

L'église de Saint-Dalmas date du neu-
vième siècle, dit-on. Ma pauvreté archéo-
logique et l'absence de documents ne m'ont
pas permis de le contrôler; j'acceptai là-
dessus, dès le début de mon séjour ici,
l'opinion commune. Un siècle ou deux de
plus ou de moins, cela importe peu, du
reste, à la qualité de méditation qu'elle
suscite en moi. J'admets pareillement de
confiance que des Templiers l'aient bâtie
et qu'elle ait été occupée, dans la suite,
par des Bénédictins. Le mystère de son
passé l'enrichit. A trop préciser son his-

toire, je craindrais qu'on ne lui ôtât quelque chose de sa poésie, comme je redouterais qu'un zèle maladroit ne défigurât son aspect, sous prétexte de mettre du ciment entre ses vieilles pierres. Réjouissons-nous que son obscurité l'ait jusqu'à cette heure préservée des indiscrétions des archéologues (1).

Ce n'est pas d'ailleurs qu'on ne la visite. En été, les touristes affluent. D'aucuns, c'est le charnier qui les attire : une ancienne chapelle des défunts, à côté de l'entrée, sur un caveau rempli d'ossements. Ils viennent pour ça, et, sans même entrer dans l'église, ils s'en retournent satisfaits, quand ils ont vu ça : spectacle sanctifiant s'ils étaient sages ; incomparable chapelle de méditation !... Mais, sur le bord de ces tombes, je redoute un peu qu'ils ne puisent que de nouvelles et plates raisons de

(1) Voir les notes à la fin du volume.

redouter la mort, d'aimer plus follement la vie. Pour diriger dans l'unique voie qui convient la réflexion de ces frivoles, j'aimerais voir sur la muraille cette inscription qu'on lit, dans la cathédrale de Tolède, sur une dalle de sépulcre : *Hic jacet pulvis, cinis, et nihil :* « Ci-gît poussière, cendre, et rien. » Et en dessous, pour les esprits lents à comprendre, ce bout de commentaire : « Nous fûmes ce que vous êtes, vous deviendrez ce que nous sommes. » Voilà de l'excellente philosophie.

D'autres sont des amateurs d'art. Il y a, certes, dans notre église, de quoi les contenter. Devant le triptyque de la nef gauche et les rétables du maître autel, devant les fresques de l'abside et la grise petite Vierge qui trône dans la sacristie, j'ai vu des « connaisseurs » s'arrêter, demeurer surpris jusqu'à l'émotion. Vous l'avouerai-je ?... Aucun de ces morceaux ne m'a jamais émotionné. Apparemment, n'était les enthousiasmes compétents qui me les signalèrent, je les méconnaîtrais encore... Barbare que je suis ! Ce sont de délicieux essais d'art local. Quelqu'un daigna me l'expliquer un jour, et je n'en doute plus. Considérez, au maître autel, cette *Nativité* peinte sur bois. N'est-ce pas divinement naïf, anachronique ? Ce berger porte la lourde veste et le chapeau de nos montagnards. Sa figure ne m'est pas inconnue. En cherchant bien, je le retrouverais parmi les gars du pays. C'est un Juif de Saint-Dalmas. Le petit garçon qui se glisse derrière la Vierge pour mieux voir l'Enfant Jésus, possède la frimousse de nos moutards. Marie elle-même et saint Joseph, décoiffez-les de leur auréole, ôtez aux mages leur couronne, et vous avez devant les yeux, y compris le nègre, des types de par ici. Le fameux tableau de *la Madeleine* prête à des remarques identiques. Cette opulente repentie, aux biceps déconcertants, qui dès l'entrée accroche le regard, je parierais que, pour la peindre, l'artiste fit poser une jeune fille du pays, de celles qu'on aperçoit à cette époque, piochant les pommes de terre dans les champs, et qui manient les sacs de blé comme des aiguilles à tricoter. Ainsi du reste. Et ne voilà-t-il pas d'excellentes raisons d'admirer !

Il en est de meilleures pourtant. En ces peintures fut exprimée l'âme grave, naïve et religieuse de ce peuple. Voilà ce qui les rend inappréciables. Elles valent comme raccourcis de spiritualité. Par là elles collaborent puissamment à la splendeur d'ensemble du monument. Cette splendeur est moins d'une œuvre d'art que d'un témoin auguste qui traduit, condense, et, si je puis dire, fait toucher les vertus foncières et l'âme de la race. A l'admirer nous discernons quelques-unes des influences qui aboutirent à la formation

ici d'une conscience locale. Difficilement
on l'imaginerait dans un autre cadre.
C'est ici seulement qu'elle vaut, auprès de
cette population dont elle semble, depuis
dix siècles, surveiller le renouvellement,
et dans ce paysage montagnard qu'elle
résume et fait parler. Et c'est dans son
rapport avec les deux, avec le peuple et
le pays, qu'il faut l'étudier pour la comprendre et la goûter avec plénitude. La
séparer de l'un ou de l'autre, l'abstraire
du site ou de la race, en un mot l'isoler,
c'est la mutiler, c'est la réduire à n'être
plus qu'une bâtisse massive, ancienne,
curieuse, originale, si vous y tenez, mais
sans âme. Ce qui, incomparablement, la
magnifie, ce qui la rend prodigieuse de
sens et de beauté, c'est d'être harmonique
au milieu, au sol, à la population.

En plein jour, quand de lumière elle
est incendiée, le plâtrage de ses murs et
de ses piliers blesse les yeux comme du

fard sur un visage creusé de rides. Mais le soir, quand le soleil est déjà bas sous l'horizon. si vous passez par là entrez-y. C'est à Saint-Dalmas l'heure exquise. Les grands troupeaux qui, tout à l'heure. sonnaient en dévalant les pentes, sont rentrés. Les derniers cris, les derniers bruits se noient dans le silence. La terre s'assoupit, une immense sérénité s'épand sur la vallée. Poussez les deux battants massifs de la porte. Vous restez muet d'étonnement. La grande nef s'allonge devant vous en des profondeurs mystérieuses. De vagues lueurs orange achèvent d'y mourir, allumant d'un dernier reflet les ors splendides du maître autel. Cette ombre commençante et ce mystère épars sur les choses communiquent un émoi qui grandit bientôt jusqu'à l'oppression si l'on descend les marches usées menant à la crypte. Ici, quelle atmosphère sépulcrale ! C'est de la mort qu'on respire. Des tombes nous entourent. Quelqu'un examinant un jour, à la lueur d'un cierge, une crevasse dans ce mur, fut secoué d'un frisson affreux en voyant dans le fond du trou, braquées sur lui, les deux orbites béantes d'un crâne humain. D'où pourrais-je saisir, mieux que de ce caveau, les rapports du monument avec le sol qui le porte? Placé au centre de cette plaine ou l'on déterre à tout instant des ossements humains. ce lieu funèbre prend un sens. Cette église dans cette campagne, c'est une chapelle dans un cimetière. D'instinct, je cherche des cyprès. De longs cyprès, dressant par taches noires, çà et là, leur deuil éternel. feraient parler plus fortement ce vaste paysage. souligneraient sa religieuse gravité, aiguiseraient la sensation de son recueillement.

Mais ces terres chargées de tombes sont loin d'être des terres arides. La vie, ici, coudoie continuellement la mort, et parfois même dans la mort on dirait qu'elle s'enracine... De la fécondité du sol, si éclatante en cette saison, de ces champs gorgés de richesses. monte comme un parfum de vie. Le même parfum circule dans la crypte. J'y retrouve un pareil contraste. Si hantée de la mort qu'elle semble. et de couleurs si funèbres. elle fut toujours pour ce peuple la plus riche fontaine de la vie. Ici, devant l'insigne relique de la vraie croix. dix siècles de générations vinrent prier. Courbées sur ces dalles froides que leurs genoux usèrent à demi. dans la divine douceur et le silence de ce merveilleux oratoire. elles se munissaient de résignation, s'alimentaient d'énergie. buvaient de l'espérance. Et lentement, de toutes leurs âmes successives, une âme commune se forma, en même temps active et recueillie. Je la respire sous ces voûtes. où elle repose comme captée. Ame admirable des aïeux, âme à jamais fixée dans le devoir et l'honneur chrétiens, elle y affermira l'âme aujourd'hui plus indécise de ce peuple ; elle vivifiera par son contact les jeunes générations aussi longtemps que celles-ci voudront lui demeurer fidèles. Et voici donc le sentiment à emporter de ce pèlerinage à la vieille église, voici le mot profond qu'elle écrit en pierres sous nos yeux : Fidélité ! Fidélité à l'âme des aïeux par le respect des traditions qui la nourrirent ; fidélité au sol des aïeux que leur patient effort féconda ; fidélité au Dieu des aïeux par une vie chrétienne intégrale.

Le chant qui monte de ce monument et de ce pays mariés par mille ans d'histoire, nos montagnards l'entendent-ils parfois, du milieu des champs ? Courbés tout le long du jour sur leurs tâches, s'ils manquent de loisirs pour écouter parler la terre, les voix de l'antique église, plus distinctes, y suppléeront. Il n'est, pour les comprendre, que de la fréquenter et d'y prier. A ses clients, elle donnera d'une façon lente, mais sûre, la qualité morale et religieuse de leurs pères. Elle atteindra ainsi la suprême beauté de son rôle, lequel n'est, de tous les points de vue, que de collaborer à la noblesse des âmes.

IV

DE FENESTRE A LAGHET

Je quittai Saint-Dalmas par une matinée grise, inquiétante et m'étant réjoui à Saint-Martin d'un bon déjeuner, j'entrai dans le fameux vallon. Durant trois heures, sous la pluie, je grimpai, soufflai, pataugeai. Un vent violent, glacé, m'accueillit sur l'esplanade. Le vent n'est pas toujours sans charme. Je l'aime quand, sous son effort, gémissent les forêts profondes, ou quand il fait tourbillonner la neige devant ma fenêtre bien close, ou encore la nuit, lorsque bien au chaud sous mes couvertures, je l'entends qui donne au village de furieux assauts. Mais je ne lui trouvai, ce soir-là, aucune poésie. J'arrivai à l'hôtel trempé et détrempé, éreinté, rendu, n'en pouvant plus. Je soupai tout de même, et j'allai me coucher.

Voilà comment, le 9 septembre 1910, je fis mon entrée — la première — à Notre-Dame-de-Fenestre.

*
* *

Le lendemain j'eus tout loisir d'examiner les environs. La neige était tombée tout près. Je saluai avec émotion cette fidèle compagne de nos hivers. Le vent soufflait toujours, charriant vers le fond du vallon des traînées de brouillard. Une barrière énorme de rochers, plantés devant l'œil comme les planches d'un cirque au nez des curieux, fermait brutalement l'horizon de tous les côtés, sauf à l'ouest, donnant au site une physionomie sauvage et désolée. La rudesse de pareilles masses est opprimante comme un poids lourd. De cet écrasant paysage, nul plaisir, nulle douceur ne vient de l'âme, mais je ne sais quoi de violent qui l'intimide, la contracte, la fait sérieuse. Et quelle solitude, et que nul bruit, nulle affluence de pèlerins ne pourrait rompre ! Sur la côte bretonne, bien des fois, poursuivant l'isolement à travers les grèves, j'ai cru l'atteindre à d'extrêmes pointes de la falaise, et je l'ai savouré des heures. Il n'était rien pourtant auprès de celui qui règne sur les espaces que voici. Car la mer était là toujours, la mer qui ne se calme pas et ne se tait pas, la mer qui toujours parlait, chantait, pleurait, criait, animait tout. Auprès de sa clameur immense et comme vivante, qu'est-ce que le torrent qui gronde ou le vent qui hurle et qui d'ailleurs se taira demain ? Ils ne briseront pas, ni eux, ni rien, l'enchantement de solitude et de désolation jeté sur ce désert. Tout collabore à angoisser inexprimablement ce lieu, à faire ainsi de lui un digne refuge de l'angoisse humaine. La nature se montre ici la sœur compatssante des cœurs que la vie a blessés. Sa détresse va à la rencontre de leur détresse. Elle offre un cadre sympathique à leurs sanglots.

*
* *

Voulons-nous les sentir pleurer ?... Entrons dans la chapelle de la Madone. L'autel est pauvre, les murs sont nus, à peine quelques ex-voto sont dispersés çà et là. Nulle richesse que celle de la prière, nulle splendeur que celle des larmes. Ici le cœur se brise plus volontiers, et le ciel se fait plus proche. Ce monument n'a pas d'autre gloire. Tel qu'il est, avec sa pauvreté et sa nudité, il épand autour de lui de l'âme, et comme une surnaturelle influence. Par lui,

ce paysage est spiritualisé. C'est lui, c'est
le sanctuaire qui vraiment l'anime aux yeux
de l'imagination hantée du souvenir des
foules qui vinrent s'agenouiller là, et plus
encore aux yeux du cœur qui sait ou qui
devine de quels combats intimes ce sanctuaire fut le théâtre, de quelles transformations profondes il abrita et favorisa
le mystère. Je songe à ces sources, comme
les montagnards en connaissent, qui jail-
lissent à l'écart, loin des sentiers, et que
le passant brûlé par la soif ne craint
pas d'aller chercher, encore que cela le
détourne. Ici, de France ou d'Italie, que
de caravanes, au cours des siècles, vinrent
s'abreuver ! Tout ce qui fut puisé à cette
source de résignation, d'espoir, d'amour
et de courage à vivre, nous ne saurions le
mesurer. Du moins je crus le comprendre
lorsque je vis mes paroissiens, venus une
soixantaine à ce pèlerinage, implorer la
Madone et communier à son autel avec

une ferveur que je ne leur connaissais pas. Et la joie de ce souvenir m'a poursuivi comme un parfum persistant.

*
* *

Une quinzaine de jours après, j'étais à Laghet, faisant ma retraite avec les confrères. Pendant plusieurs jours, j'ai prié dans la chapelle somptueuse, aux murs vêtus de marbre. devant la célèbre *Madone* encadrée d'or et de vermeil. Je me suis promené dans le cloître, j'ai contemplé les ex-voto naïfs et si touchants qui le tapissent. Tout cela, les richesses de la chapelle et les peintures du cloître, chante en l'honneur de Marie l'hymne le plus émouvant. Tout cela dit éloquemment Sa puissance et Sa bonté. L'atmosphère est ici saturée de reconnaissance. Et c'est une divine douceur de la respirer.

Pourtant j'avais goûté à Notre-Dame-de-

Fenestre une qualité d'émotion que je n'ai
pas retrouvée ici, je ne sais pourquoi. Et
lorsque, le jour de clôture, les nouvelles
cloches de Laghet lancèrent dans la fraîcheur d'un matin délicieux la clameur
triomphale de leur carillon, elles enchantèrent mes oreilles, mais ne m'émurent pas
tant que l'humble cloche de Fenestre con-
voquant tous les pèlerins devant la Madone
et semblant elle-même pleurer, de sa voix
brisée, des prières.

V

PROPOS D'AUTOMNE

Il faut rendre à l'hiver cette justice que, s'il nous vole plusieurs semaines de printemps, il n'empiète guère sur l'automne. Les montagnards, sans trop de hâte. achèvent leurs labours. fument les prés. ramassent du bois et saignent les cochons. Les étrangers, les amoureux de la montagne assez fervents pour y attendre la fin novembre, ont le loisir de s'associer à la mélancolie qu'exhale alors si puissamment la nature mourante. Quant aux privilégiés (j'en suis), qu'une utile contrainte empêche de s'en aller durant l'hiver, d'incomparables voluptés, s'ils savent les cueillir, leur sont réservées. Arrêtons-nous d'abord à regarder l'automne.

*
* *

Dès octobre, il est délicieux avec sa brise déjà fraîche, ses ors somptueux où joue le soleil encore chaud, et déjà la première neige sur les sommets voisins. Les belles journées d'alors ont presque la douceur du printemps. C'est l'époque où les laboureurs arrachent les pommes de terre et font les semailles dans les champs. D'autres abattent des arbres, et l'on entend, dans la forêt, les haches résonner sur les troncs. Les vaches dans les prés paissent le regain. Devant l'église, du blé sèche au soleil, sur des toiles, préservé avec peine des poules qui viennent rôder autour. Des femmes bavardent au lavoir, et sur la place où jouent les gamins, mille cris aigus éclatent dans l'air pur. Comment rester chez soi par un temps pareil ? Il fait trop bon donner des heures au plaisir d'arpenter les champs, le nez en l'air, un livre sous le bras pour la forme, avec de temps en temps un mot joyeux lancé aux connaissances qu'on rencontre... Ce mois ne me vaut rien pour travailler. Mais pour se recueillir, s'examiner, je le proclame incomparable. Temps propice aux retraites. D'instinct l'on rentre en soi, on fait son examen de conscience. Pour méditer sur les fins dernières, s'exciter au renoncement, nul cloître ne vaut les voûtes formées par ces hauts arbres qui se dépouillent. Et, les meilleurs sermons sur la mort n'auront jamais l'éloquence que prend, pour une imagination prédisposée, le bruit des feuilles mortes sous nos pas.

Mieux toutefois que le mélancolique et doux octobre, c'est novembre qui nous dispose à nous prêter aux influences de

l'automne, novembre qui noircit les bois.
pourrit les feuilles et met sur les prairies
comme une couche de bile si déplaisante
qu'elle me fait désirer la neige. Nous ne
souhaitons pas qu'elle s'abstienne. l'en-
chanteresse par qui seule valent nos hivers.
A cette époque tout l'appelle. La campagne,
pour s'en couvrir comme d'un suaire, se
dévêt toute. Combien elle nous émeut,
ainsi défaite et frissonnante dans le vent!
Quand nous la parcourons par ces froides
après-midi. sous ce ciel gris où le soleil
fait un trou blanc qui lentement se creuse
et devient terne, nous éprouvons des impressions assez semblables à celles que
nous donna. il y a un mois. le soir de la
Toussaint. Les cris de corbeaux sonnent
comme un glas sur la vallée déserte et
silencieuse. Le Bois-Noir semble, au flanc
de la montagne, une tenture de deuil.
Nous comprenons comme un cimetière ce
paysage. Il réalise pleinement les senti-

ments que nous emportâmes des tombes et nous le colorons à notre tour de rêveries funèbres. Merveilleuse intuition de l'Église. qui voulut que ce mois s'ouvrît par les cérémonies des trépassés... La pensée de la mort domine, emplit novembre. La nature et notre cœur collaborent à nous l'apporter. Nous la respirons des cercueils et des arbres jaunis.

Mais plus que le souvenir de nos deuils, plus même que la végétation agonisante. ce qui nous l'impose. c'est le pressentiment où nous glissons de tout ce qu'il y a ici, dans ces régions. de traditions. de sentiments qui meurent. qui sont en train de se décomposer.

*
* *

L'été, sous le soleil étincelant, dans cette plaine. dont la jeunesse renouvelée prodigue alors mille richesses, quand la nature n'est qu'allégresse et que fécondité, nos vieux villages, avec leurs murailles d'ébène et leurs ruelles grimpantes entre des pignons biscornus, semblent un paradoxe. On les rêverait plutôt composés de petites maisons aux toits rouges, rieuses, coquettes et bien alignées. (Croyez bien que pour moi, je les aime en tous temps comme ils sont, et que si je souhaite qu'on les répare et qu'on les consolide, je ne demande point qu'on les blanchisse...) Novembre venu, ils cessent de contraster avec la terre qui prend des tons noirs ou grisâtres. Comme elle, ils sentent le mort. Nous les connaissons comme des plantes naguère vigoureuses, mais qui actuellement ne bénéficient que d'une sève appauvrie. Ce ne sont pas seulement des arbres qui se dépouillent, mais des arbres qui meurent. L'écorce durant un temps fait illusion. Puis l'heure vient où l'arbre révèle à l'indigence de son feuillage son mal intime. Ainsi de ces villages. Leur population, lentement, si l'on veut, mais régulièrement décroissante, accuse le cancer qui les ronge. Je ne méconnais pas que de fidèles attachements, qu'on ne saurait trop louer, leur demeurent. Ce m'est toujours une joie que de m'arrêter, à Saint-Dalmas, devant une maison qu'on rebâtit. Elle est le signe certain de cœurs profondément enracinés au sol. Entre ces jeunes murs, la vie bientôt habitera et fera son œuvre. Et rien ne vaut comme la vie pour cimenter les murs et les préserver des lézardes. Malheureusement, pour un logis réparé on en compterait deux de désertés. Parmi les habitants qui restent encore, combien de jeunes trouverait-on pour qui leur village n'est qu'une geôle d'où ils aspirent à s'évader ! Voilà le ver au cœur de ces populations. Un tel état d'esprit relativement à un pays dont les beautés et les ressources me paraissent exceptionnelles n'a rien de consolant. J'en souffre, quoique étranger, comme d'une déchéance dont serait menacée ma propre terre natale. Il révèle chez ces jeunes gens, sous les dehors d'une vie physique exubérante, la décomposition des âmes. Que ne puis-je leur prêter mes yeux pour regarder la terre qu'ils délaissent ! Ils y liraient, écrite par les arbres en novembre, cette vérité que toute fécondité implique un dépouillement, un renoncement à soi, un sacrifice. Peut-être la nature ne renaît-elle tous les ans si riche de sève, que de sa régularité à mourir tous les automnes. Et il ne serait pas besoin d'une expérience probablement irréparable pour les convaincre qu'à vouloir trop jouir de la vie on risque de se rendre pour jamais inapte à vivre.

*
* *

Il nous resterait de conclure un peu pratiquement toutes ces rêveries, qui sont loin d'être, malheureusement, des rêveries en l'air. Comment soigner la maladie que nous constatons? Quelle nourriture à ces esprits pleins d'illusion? Quel ciment consoliderait ces âmes délitées? Ce n'est pas l'instant de l'examiner. Je ne veux ici, dussiez-vous me trouver frivole, que me complaire à la contemplation des ruines morales soudainement entrevues à travers le rideau des bois effeuillés. Peut-être est-ce trop céder aux influences de l'automne. Mais la tristesse a de puissants attraits. La vie, à n'y chercher que des consolations, serait trop plate. Quand le soleil couchant manque de nuages pour le magnifier et l'ennoblir, il ne vaut pas la peine d'être regardé.

VI

IMPRESSIONS DE NOEL

La puissance de cette fête sur nos cœurs, c'est qu'elle nous ramène à notre enfance, à notre enfance la plus émerveillée. Des vitraux d'église flamboient dans la nuit, des chants s'élèvent sous les voûtes. A leur appel, quelle mémoire, quelle imagination résisterait ? Nous revivons en quelques heures tout un passé rempli de souvenirs et de visions qui délicieusement nous émeuvent, et vont remuer en nous profondément la part vivante encore de notre âme d'enfant. Il me suffit, ce soir, de fermer les yeux pour voir passer et repasser comme en un rêve les plus touchantes, les plus belles images.

C'est d'abord une chambre par laquelle va et vient ma mère, et dont le plancher de sapin résonne au choc des sabots ferrés. Sur la cheminée, un grand christ, dont les bras étendus supportent un rameau de laurier bénit ; au mur, des images pieuses, et, dans un coin, le petit lit à rideaux blancs où je sanglote d'avoir trouvé dans mon soulier une verge, une verge toute blanche, bien droite et bien polie, comme on en fabrique dans le ciel, à l'intention des petits garçons qui ne sont pas sages... Cette verge miraculeuse, je l'ai conservée très longtemps, avec une sorte de respect superstitieux.

C'est, plus tard, une campagne toute blanche à travers laquelle nous cheminons, cinq ou six gamins, vers l'église où nous chanterons tout à l'heure, à la messe matinale, des cantiques à l'Enfant Jésus ;

c'est le cimetière où nous prenons plaisir
à secouer sur la tête des passants les ifs
chargés de neige ; c'est l'église resplendissante où nos voix fraîches retentis-
sent : *Il est né le divin Enfant. — Les
Anges dans nos campagnes. — Le Fils du
Roi de gloire.* Du matin où je les chantai
pour la première fois derrière le maître
autel de chez nous, il n'y eut plus pour
moi de noëls aussi beaux que ceux-là. Aujourd'hui encore j'épuise, à me les redire,
la profonde poésie de cette fête. Ils font
surgir et vêtent des plus riches couleurs
tout ce passé lointain. Comme ces tableaux couverts de poussière qu'un simple
coup d'éponge fait revivre, ou comme ces
prairies qu'un coup de vent dégage de la
brume, ainsi quand ils résonnent en moi,
ces airs naïfs et délicieux, des paysages re-
prennent leurs contours, des visions éva-
nouies me rentrent soudain dans les yeux
et des émotions mortes se raniment. Le

long des haies, sur la terre neigeuse, glissent des ombres noires. Je revois, dans les longues nefs, l'ondulation des coiffes blanches sous la lueur des lustres balancés ; dans le transept, la masse plus sombre des hommes en veston et en blouse ; et enfin la crèche rustique, tout en bois, avec son grenier où il y avait de la paille, son échelle, son râtelier garni de foin, son éternel bœuf immobile, mais surtout son petit Jésus, dont les bras tendus semblaient attendre que l'on s'y jette, et dont le sourire tenait à nos cœurs d'enfants extasiés, qui incessamment défilions pour le contempler, de si beaux discours.

Et c'est, plus tard encore, au collège, le réveillon qui suivait la messe de minuit. Je revois le froid réfectoire, aux murs peints en vert, vers lequel mélancoliquement nous nous acheminions tous les matins pour y manger une soupe contestable. Mais cette nuit il nous attire, et

dès le seuil il nous réjouit d'un bon parfum de chocolat fumant et de saucisses.
Ces douceurs du réveillon, un curé ne les
connaît plus, car il lui faut se garder à
jeun pour la messe du jour. Mais le soir
du 24 décembre il peut, à Saint-Dalmas
tout au moins, participer au régal de
ses paroissiens qui mangent en famille
les « ravioli ». Je n'y manque point et
j'ai goûté hier soir de ce plat fameux ;
puis j'ai prié ma mère de me faire des
crêpes. Des crêpes bretonnes, avec un
verre de l'exquis petit vin que l'on fabrique à Saint-Dalmas, c'est un festin de
roi.

*
* *

Onze heures et demie. Les cloches à présent nous appellent. En cette nuit où nul
ne dort, elles ne réveillent que les échos
sonores de la vallée, et leurs voix, mille

fois répercutées dans la nuit sereine, semblent le chant des anges aux solitudes de Bethléem. Quel cadre merveilleux pour célébrer l'auguste anniversaire ! Pas de neige, pas le moindre vent ; et il ne gèle que juste ce qu'il faut pour faire grelotter sur la paille le divin nouveau-né. Sur les montagnes voisines, de courageux bergers pourraient garder ce soir leurs troupeaux, leurs chants et leurs appels retentiraient sur les hauteurs, et l'on serait à peine surpris de les voir dévaler les pentes, mêlés aux anges, en caravanes lumineuses.

Une à une les fenêtres des maisons s'éteignent, c'est l'église qui à présent s'allume et s'emplit. Cette foule agenouillée n'est pas une tribu de passage. Elle s'enracine dans ce sol et l'église où elle vient prier assure ses fondements parmi les tombeaux de ses pères. L'histoire d'un long passé est comme flottante sous ces voûtes.

Le beau discours que feraient ces pierres si elles pouvaient nous dire les gestes religieux des diverses générations qui s'y sont succédé. De quels Noëls splendides elles furent témoins ! Je songe aux messes de minuit qu'on célébrait dans cette église, il y a cinq cents ans. Comment nous les représenter ? Saint-Dalmas était alors le siège d'un prieuré très important de Bénédictins. A l'église était adossé un monastère plein de religieux. Le beau spectacle que ce devait être. lorsque les moines sortant du cloître venaient au chœur, la nuit de Noël, et entonnaient l'admirable : *Christus natus est*, qui ouvre l'office. Bientôt le carillon chantait dans le clocher. les fidèles venaient à l'église, et à minuit sonnant. aux neuf autels illuminés, des messes commençaient. ou. pour ainsi dire, une seule messe. radieuse et pleine de cantiques, durant laquelle naissait ce même Jésus que l'on apercevait là-bas sur une poignée de paille, et souriant aux poupons que leurs mères haussaient, pour qu'ils le vissent mieux, dans leurs bras... De ces vieux siècles et de ces vieux Noëls notre désir remonte sans effort à la nuit bénie entre toutes où de pauvres gens commencèrent le défilé des générations vers la masure auguste où Dieu vagissait. C'est là, à Bethléem, terre féconde, que jaillit la source de poésie où cet anniversaire nous baigne depuis deux mille ans. C'est là qu'il fait si bon promener ce soir notre rêve, et rafraîchir nos cœurs au souffle des brises agitées par les battements d'ailes des anges...

Et tout cela s'achève en mélancolie, en je ne sais quel regret obscur de ces splendeurs que des bergers virent, de ces sociétés mortes et de nos propres jours écoulés. A les évoquer, nous avons comme des nostalgies de passé, de candeur, de naïveté.

Des lointains Noëls, où nous n'étions pas.

comme de ceux, plus proches, où nous fûmes, une émotion s'exhale qui fait peut-être de ces belles heures, éclairées des feux de la crèche, celles de l'année où nous valons le mieux.

VII

LES LÉGENDES DE LA BALME

Dominant le haut val de Blore de sa masse énorme et s'opposant aux sombres profondeurs du Bois-Noir, la Balme est un élément essentiel de ce paysage. La variété de ses aspects m'est un plaisir jamais épuisé. Vous diriez qu'elle se travestit selon les saisons, bien plus, selon les jours et les heures du jour, quelquefois rose par les beaux soirs, puis s'éteignant et s'effaçant dans les ombres de la nuit descendante ; tour à tour dressant des grisailles argentées dans un ciel tout bleu ou noircissante sous les nuées épaisses, si-

nistre et hurlante dans les rafales... C'est
sous un ciel voilé que je la préfère, quand
elle ajoute à la désolation que l'hiver verse
sur nos montagnes et que son aspect con-
tracté s'accorde avec l'atmosphère de violence que lui font les dures légendes qui
planent autour d'elle.

*
* *

C'est par un de ces jours d'hiver désolés que je résolus d'atteindre la caverne
qu'elle ouvre comme une orbite éternelle-
ment béante sur Saint-Dalmas. Il n'avait
pas neigé encore. Après trois quarts
d'heure d'escalade à travers des pins assez maigres, je m'engageai par des cou-
lées de pierrailles à travers des régions de
stérilité absolue. La pente à mesure que
je m'élevais devenait plus raide; une lassitude m'envahissait, presque un découra-
gement devant l'apparent recul de cette

grotte, laquelle pourtant s'élargissait, béait de plus en plus là-haut, comme un antre. Deux pylônes de pierre, en avant d'elle, semblaient l'annoncer, lui faisaient un portique d'entrée; et ces pylônes, qui d'en bas pourtant paraissaient déjà gigantesques. commençaient de prendre à présent des proportions que je ne leur aurais jamais soupçonnées, bien qu'habitué depuis longtemps à ces surprises de la perspective en montagne. Et c'était au-dessus de ma tête un chaos de roches surplombantes. un désordre d'énormités vers lesquelles je me dirigeais avec l'impression grandissante de pénétrer sur un territoire défendu. dans le domaine réservé des fantômes et des épouvantes... Une obscure terreur me prenait de me sentir seul parmi ces monstrueuses architectures. Et si je venais à me retourner, comme par instinct de me rassurer en reposant mes yeux sur la région habitée d'en bas, j'avais devant moi les futaies du Bois-Noir qui semblaient s'étendre, comme si tout le paysage, autour du minuscule village fumant en bas, eût monté en même temps que moi, se fût projeté d'un insensible élan vers le ciel.

A présent je me trouvais presque sous la caverne même; j'avais dépassé les énormes pylônes de pierre qui se dressaient, plus bas, comme deux dolmens fantastiques. A leur droite, Saint-Dalmas, contemplé par-dessus les pins, semblait avoir tassé encore ses toits d'ardoises brunes ou de briques. Et de la majesté de la forêt déployée en face rien ne m'eût désormais distrait sans l'horreur grandissante de ce trou béant sur ma tête. Cette caverne, regardée d'en bas, ce n'est rien qu'une excavation qui donne, il est vrai, sa physionomie à la Balme, mais que les proportions de la montagne apparaissant entière font assez mesquine. D'ici, c'est une immensité obscure, c'est la montagne elle-même entr'ouverte, retournée, semblant prête à vous écraser. Assis par terre, sur la pente glissante, à l'ombre de la fantastique paroi surplombante, je m'abandonnais maintenant sans effort à l'horreur sacrée de ce lieu ; je ressuscitais les légendes dont l'imagination des montagnards l'a peuplé. C'est ici, racontent-ils, qu'un des leurs enchaîna jadis son épouse d'un jour, que toute sa ruse n'avait pu soustraire au caprice voluptueux du seigneur local. Elle y devait rester à gémir jusqu'au jour où une vengeance tirée de son insulteur l'aurait purifiée. Cela ne tarda guère, paraît-il. Le crâne du tyran éclata, je ne sais plus dans quelle circonstance, sous la hache du serf, et la belle pleureuse, dont l'indulgence n'eût pas exigé, j'imagine, une si radicale exécution, vint occuper sa place au foyer. J'avoue que ce dénouement bourgeois me déçoit.

Il me plairait infiniment plus d'imaginer
ici, sous ces roches, l'implacable agonie
d'une jeune victime expirante. A cette
heure, j'évoquerais son ombre ; elle colla-
borerait à l'émoi que je goûte ce soir de
ce silence et de cet isolement à deux mille
mètres d'altitude...

Mais enfin, telle qu'elle est, cette histoire
m'enchante par les renseignements qu'elle
me donne sur un état d'âme qui fut jadis
propre à cette race, et dont je me désole
de constater presque journellement la disparition. Ce paysan qui venge une in-
jure, cependant courante, par de tels
moyens, témoigne d'un refus d'accepter,
d'une puissance de réagir, d'où venait
jadis à ce peuple son âme violente, si l'on
veut, mais saine, et que nous devons souhaiter qu'il retrouve si nous voulons vraiment le voir progresser. Quelle distance
de ce jeune brutal aux platitudes et aux
servilités qu'aujourd'hui ses descendants

témoignent à l'égard d'influences qui ne sont propres qu'à leur défaire l'âme ! Le passé que son geste évoque est-il irrémédiablement révolu ? Faut-il renoncer à les voir, ces montagnards d'à présent, se cabrer à la fin contre des façons de penser et de sentir, qui ne s'accordent pas avec la destinée que leur firent leurs pères, et qui par conséquent les empoisonnent, les vouent d'une manière plus ou moins prochaine au déracinement ?

Le malheur des campagnes françaises, c'est qu'il y ait des villes. Axiome banal, que l'on m'excusera pourtant de répéter, s'il est plus vrai peut-être en ces régions que partout ailleurs. Quelle ville égalera jamais en séduction et en puissance de corrompre cette Côte d'Azur, sur laquelle, comme des affamés sur une orgie, toutes nos montagnes se penchent avec des regards éclatants d'envie. L'essentiel danger pour ces montagnards n'est d'ailleurs pas uniquement dans cette nostalgie assez banale qu'ils peuvent ressentir parfois d'une vie plus facile, plus brillante. Il est dans les malsaines influences que la ville jouisseuse projette vers eux, surtout au point de vue religieux et moral. Elles sont la cause profonde de ces désertions auxquelles je reviens toujours, parce que tout ici les dénonce. Ces influences, qui les véhicule ? C'est assez clair et pourtant difficile à bien préciser : les politiciens, la presse, l'administration, quelquefois l'école. N'est-il pas évident, pourtant, qu'en ces régions, qu'il faut bien avouer un peu dépourvues, enlever à l'âme populaire la seule poésie qui lui parle et qu'elle sente, la poésie que répand l'église, c'est lui faire éprouver plus vivement la dureté, le prosaïsme, la plate monotonie d'une telle existence ? Car cette vie, vous et moi, nous la savons, nous la sentons belle... pour les autres. Mais le paysan, lui, croyez-le, n'en voit que la banalité et les fatigues. Avec quoi désormais le résignera-t-on? Quelle source nouvelle lui dispensera la part de rêve et d'idéal que toute âme réclame? Suffira-t-il de le convier au carnaval?...

Voilà pourquoi je lui souhaite, contre tant d'influences déprimantes, un peu de ce tempérament réacteur et de cette répugnance à subir qui, semble-t-il, le caractérisaient autrefois. Il reste encore à Saint-Dalmas, sur la muraille d'une masure qui fut jadis un pressoir public, des traces d'une fresque représentant les gens d'ici en train d'exécuter leur dernier seigneur; et sur la place, une mesure de pierre qui servait, assure-t-on, pour la dîme, demeure comme une attestation des servitudes vaincues par ce peuple. Mais sa nonchalance est en voie de lui préparer d'autres esclavages, des asservissements plus profonds, plus irrémédiables. Seul

un regard les discerne qui connaît son
âme. Et la tristesse que j'en éprouve jamais peut-être ne me poigna tant que ce
soir, sous l'écrasement de ces rochers et
ce ciel bas, dans l'atmosphère de violence
sécrétée par tant de légendes et de souvenirs que ce lieu évoque. En escaladant
tout à l'heure la pente raide, j'avais sou-
haité d'y trouver du vent, des rafales, toute
l'horreur sans nom d'une tempête éclatant
là-haut. Cela m'eût restitué plus efficacement, me semblait-il, la lamentation de la
douce pleureuse, tout le sombre parfum
d'un passé où les âmes se montraient capables de telles réactions. Le calme du
paysage ne répondit pas d'abord à cette
attente. Mais sur le soir et comme je me
disposais à descendre, le ciel de plomb qui
depuis le matin pesait sur la vallée parut
s'éclaircir vers l'ouest; puis, la déchirure
s'accentuant, des lueurs rougeâtres fil-
rèrent bientôt, ensanglantant l'horizon

entier. Avec cela, le silence immense : nul bruit que le roulement des cailloux dérangés par mes pas et fuyant sous moi vers l'abîme. Et ces rougeurs du ciel au-dessus d'un paysage muet et sombre, c'était ce que l'on peut imaginer de plus sinistre, une vision d'épouvante, un décor pour magiciens ou damnés. J'étais heureux. J'avais l'atmosphère des légendes auxquelles mon imagination se complaisait depuis quelques heures. Un tel soir clôturait à souhait mon pèlerinage. l'effort que je venais de tenter pour prendre contact avec des sensibilités qui paraîtraient de nos jours pure barbarie.

Une admiration me venait pour ce mont tragique dont l'influence lentement contribua à former de telles âmes et que les montagnards d'ici élisaient pour collaborateur de leurs belles rancunes. Je déplorais que ses voix fussent muettes. J'eusse aimé fréquenter, connaître plus intimement ses héros. Et c'est avec un peu d'irritation que je retrouvai dans la plaine les vâles descendants de ces magnifiques saupages.

VIII

SOUS LA NEIGE

...Le temps était radieux depuis des semaines. Absolument rien n'atténuait la limpidité glacée des matins, le resplendissement des midis, ni la splendeur mourante des crépuscules. Nous croyions presque l'hiver manqué. Mais le soleil tantôt s'est levé pâle dans le ciel gris. J'aperçois à travers mes vitres la Balme coiffée de nuages. Sous ce capuchon qui s'enfonce, épaississant toujours ses couches sombres, les rochers, les ravins, les bois s'effacent lentement au flanc de la tragique montagne. D'autres brumes, çà et là, se ramassent, planent longtemps comme hésitantes, puis glissent à leur tour dans la vallée. Derrière ces voiles accumulés le soleil s'obscurcit encore et la lumière baisse. Est-ce enfin la neige qui s'annonce? Qu'elle vienne, la grande ensevelisseuse. L'hiver ne parle pas sans elle, qu'elle jette son suaire sur la terre morte. Tout ce paysage la désire, et mes yeux se lassaient de ne point la voir.

*
* *

Cinq heures du soir... Il neige. Cela a commencé vers midi par la lente et molle descente de quelques flocons clairsemés qui se balançaient, s'attardaient, comme craintifs d'arriver en bas, faisaient mille capricieux détours avant de se poser sur le sol. Mais l'essaim blanc bientôt s'est multiplié, la lumière a baissé encore. Et maintenant la neige tombe, silencieuse, de plus en plus dense et rapide, tissant sur les toits, sur la terre, sur toute surface qui l'arrête, un linceul vite épaissi. C'est, dans l'espace, un tournoiement fou, éperdu, où sont comme noyées les choses. Il n'y a plus de montagnes ; l'église et son clocher ont disparu ; des maisons pourtant rapprochées semblent de sombres masses imprécises. Là-bas, quelques pignons pointus émergent, à peine distincts. Plus loin, c'est la blancheur impénétrable, la terre et le ciel confondus. La neige, en effaçant les horizons, rétrécit le champ de la vue, mais elle ouvre à l'imagination d'infinies perspectives. Sous le tourbillon qui l'emplit, l'étroite vallée prend des aspects de plaine immense. S'il était possible d'oublier qu'il y a là, tout près, derrière ce mouvant rideau, une barrière de montagnes, l'on pourrait se croire vraiment au sein de quelque steppe indéfiniment plat et monotone.

La neige tombe toujours, les blancs flocons accélèrent encore leur descente, et il fait de plus en plus sombre. Presque sous ma fenêtre, à présent, des gens passent, allant aux granges, car c'est l'heure de soigner les bêtes. Successivement paraissent un homme, sous une limousine trop longue qui traîne dans la neige, une femme. la tête encapuchonnée dans un sac qui lui retombe sur le dos, une jeune fille aux jupes retroussées, et d'autres encore. A les voir marcher péniblement sous l'avalanche qui s'abat, leurs jambes labourant la neige, je sens plus vivement la douceur de la salle bien chaude où j'arrête par instants mes cent pas pour les observer. L'un après l'autre, ils surgissent dans la blancheur, sont reconnaissables un moment, puis s'évanouissent. Quelques gamins gambadent comme en plein soleil. Une fillette s'enfuit, poursuivie par leurs boules de neige. Là-bas tout un troupeau de moutons sort de l'étable pour aller boire, puis se dirige en file vers la fontaine ; et d'ici l'on dirait, sur la terre blanche, le lent glissement d'un long serpent noir.

Dans une demi-heure, on n'y verra plus et il neige toujours. Cela dure depuis des heures, sans un répit, sans même une éclaircie dans la blancheur opaque, comme si les réservoirs étaient là-haut inépuisables, comme si c'était la fin, l'ensevelissement sans retour qui se prépare... Mais voilà que, soudain, la descente se ralentit puis s'arrête. Les brumes déchirées se relèvent, laissant apercevoir en face la montagne. Tel est, à cette heure, l'aspect morne et désolé des espaces qui se découvrent, que je souhaiterais m'attarder à suivre jusqu'au bout l'infinie tristesse de la nuit tombant sur la vallée neigeuse. Mais l'horizon qu'encadre ma fenêtre est par trop étroit. C'est tout le paysage et le village lui-même qu'il faut contempler sous la neige. Nul doute qu'il n'y ait là, ce soir, plus d'une impression rare à glaner... Le temps de mettre un manteau, des molletières (car il ne s'agit pas de glaner un rhume) et me voilà dehors, enchanté, battant la campagne...

*
* *

Sur le chemin des granges, par où la « foulée » déjà faite m'invite à prendre, le va-et-vient des gens a cessé. On entend, par intervalles, la neige glisser des arbres surchargés. Nul autre bruit ne rompt l'immense recueillement qui plane sur les choses. Sous un ciel bas que la lumière délaisse, la terre blanche prend des teintes livides qui s'accordent avec le deuil des massifs sombres dressés, là-bas, à des distances imprécises. A mesure que j'avance, la solitude s'accroît autour de moi, le silence devient plus profond. L'émouvante promenade, propice au rêve, et d'un charme indéfinissable ! Je voudrais m'enfoncer plus avant dans la blancheur glacée, monter au moins jusqu'à la chapelle de Saint-Roch qui est, selon mon goût, le meilleur point pour discerner certains aspects plus excitants du paysage. Saint-Dalmas, depuis là-haut, s'étage en avant du Bois-Noir, allongeant sa muraille grise et dominant la vallée qui fuit en profondeur dans les lointains. Mais à cette heure, il s'effacerait c'est probable, dans l'ombre envahissante. En outre, la neige me vient à mi-jambes et si mon enthousiasme est intact, je crois sentir des défaillances par ailleurs. C'est pourquoi, l'église contournée, je me borne à longer le village par la route.

Sous la neige qui couvre ses toits, vous le diriez emmitouflé dans de l'hermine. Mais il paraît surtout désespérément isolé, et séparé de l'univers par de prodigieux

espaces, comme si l'on perdait à le contempler toute notion des distances. Le long
de cette muraille chargée de siècles, qui
prend avec le soir des tons plus sombres
et vieillit encore, l'imagination s'exalte.
On a l'impression de remonter très haut
dans le passé, de vivre réellement quelques
minutes des vieux âges... Bientôt des fenêtres s'allument sur le vallon, les horizons
s'atténuent au loin dans la brume, un hymne
de silence et de mélancolie monte de la
terre vers le ciel. J'ai vraiment sous les
yeux, ce soir, le Saint-Dalmas de rêve que
je préfère. J'ai pu le goûter sous d'autres
aspects, jamais il ne m'émut plus profondément. Entre toutes les images que ce pays
sans cesse me propose et que j'aimerai rani-
mer plus tard, quand les années auront cou-
lé, la plus tenace peut-être, celle qu'un peu
de recueillement précisera le mieux sous
mes paupières, c'est la vision de ce village
perdu de solitude et baigné de mystère

sous la neige, par un désolé soir d'hiver.

Un vent glacé qui se lève m'avertit de rentrer. Dans les étroites rues, entre les murailles noires et hautes, il fait plus sombre qu'au dehors, et l'on traverse même, sous certains passages voûtés, de réelles ténèbres. Nul bruit. Les pas des rares passants s'étouffent dans la neige. On voit glisser de temps à autre la lueur blafarde d'une lanterne. C'est encore la solitude et le silence, mais sans l'angoisse de l'extérieur. Dans Saint-Dalmas, une fois le « Portal » passé, l'on est déjà un peu chez soi... Mais pourquoi essayer de décrire encore ?... Mon impression devant les choses, les pauvres mots que j'aligne ne la rendent pas plus que mes yeux ne pourraient, à cette heure même, déterminer la nuance de l'imprécise clarté qui demeure sur la vallée. Cela ne vient pas du ciel bas et sombre ; c'est plutôt la neige qui semble, de son reflet pâle, éclairer l'espace.

IX

LA SEMAINE SAINTE
A SAINT-DALMAS

Voici quelques notes où j'ai tâché de ramasser les impressions religieuses et pittoresques que m'ont laissées les vieux usages qui donnent, à Saint-Dalmas, une si originale couleur aux jours saints. J'ai pu faire mes observations avec d'autant plus de facilité que le curé ne joue, dans la plupart de ces cérémonies, aucun rôle. La confrérie des Pénitents a ses dignitaires élus, comme les évêques d'autrefois, par le peuple, et qui pontifient avec une conscience, un sérieux, une majesté dignes de tous éloges.

MERCREDI SAINT. — Vers six heures du soir, les rues s'emplissent d'un bruit singulier, assez lointain d'abord et imprécis, mais très vite augmenté à mesure qu'il se rapproche. Des crécelles, des cornes, des sifflets, des cris. Ce sont les gamins qui passent, annonçant l'office. Les crécelles par instants s'entendent seules, et leur tintamarre, enflé par le vent, ressemble à ces coassements de grenouilles qui s'élèvent sur les étangs, à la nuit tombante.

Dans la chapelle des Pénitents, la foule s'entasse. Devant l'autel, le chandelier-triangle dresse ses treize flambeaux allumés, qu'un « recteur » éteindra l'un après l'autre, au cours de l'office. Durant une heure et demie, les psaumes vont défiler, alternés par deux chœurs, sur un rythme que sa tristesse et sa simplicité mériteraient de faire admettre au répertoire grégorien.

L'on distingue, en ces cérémonies, le plus bizarre mélange de fantaisie souvent cocasse et de liturgie anthentique. Il n'y a a pas longtemps, les coups de sifflets coupant la psalmodie, les craquements de crécelles, surtout le tintamarre inouï de la fin, faisaient de cet office un spectacle blessant, une indécence où rien de religieux ne subsistait. J'ai pu faire taire, à l'intérieur de la chapelle, l'assourdissant orchestre. Si cette réforme fait tort au pittoresque, la piété à coup sûr y gagne. Or un office religieux est une prière, non un carnaval.

Aux psaumes succèdent, par intervalles, les lamentations ou les leçons. Toutes sont exécutées, comme il convient, par un chanteur trié. Le prieur, de sa stalle, adresse les invitations. « — Frère un Tel, vous plairait-il d'entonner la deuxième leçon ? » Cela se dit en italien, non sans quelque solennité. Et c'est à qui déploie-

rait, dans cette joute, la plus belle imagination, à qui ferait les plus savantes ri-
tournelles. Les anciens y demeurent les
maîtres. L'on trouve de ces vieillards qui
lisent le latin à l'italienne, et l'accentuent
avec une admirable aisance. Les nouvelles
générations n'ont plus ce coup de gosier,
ni cette allégresse d'allure devant la langue de l'Église. N'y aurait-il pas chez les
jeunes une fâcheuse tendance à délaisser
les cérémonies de la chapelle, les vieilles
coutumes que garde la confrérie des Pénitents ? Il faut le regretter. Ces pittoresques et pieux usages maintiennent
peut-être autour de ceux-là mêmes qui
n'y mettent pas leur âme, une atmosphère
religieuse. Ils sont, pour quelques-uns,
l'unique rappel d'éternité qui les atteigne.
Ce serait désastreux qu'ils tombent.

... C'est dans le vallon, derrière la chapelle, qu'on est bien pour éprouver une
émotion de cette psalmodie. Ces monta-

gnards. fatigués d'une rude journée, retardent leur repos pour continuer un rite de leurs pères. Leur chant monotone, avec ses finales assourdies, ses repos, semble contemporain des temps où furent bâties les séculaires murailles qu'il traverse pour venir à nous. Il évoque des cloîtres, des stalles, des religieux disant des hymnes dans la nuit, tout un ensemble monacal et moyenâgeux qui fut réalisé ici jadis, et qui revit confusément à écouter de loin, dans le silence du soir, ces voix que l'on dirait souterraines.

JEUDI SAINT. — Nous descendons vers la chapelle où déjà les « Pénitents » s'habillent, allument leurs fanaux. se préparent pour la procession. L'on se rend ce soir à l'église pour une cérémonie que peu consentiraient à manquer, l'adoration du Christ au tombeau. Les jeunes filles, un léger voile blanc sur la tête, vont les premières, suivies des hommes en cagoule.

Chacun tient un flambeau, et dans l'étroite rue montante et sombre où la flamme des cierges et des torches met aux murs des reflets étranges, l'on songe à la troupe sinistre, qui, dans la nuit du Jeudi saint, conduisit Jésus au grand prêtre, par les ruelles obscures et silencieuses de Jérusalem. Impression bizarre, que démentirait seule l'allure tranquille de ces hommes blancs qui défilent en psalmodiant le *Miserere*. Tandis que j'essaye pourtant, avec peine, de la retenir, voici que sur la place où l'on débouche, éclate le furieux tapage des cornes, des sifflets, des crécelles. Ils s'étaient postés là, derrière un pan de mur, vingt gamins qui se démènent férocement comme s'ils avaient juré de nous assourdir. Au même instant, un coup de vent éteint les cierges, la procession précipite sa marche, avec une légère débandade, et l'on dirait, cette fois, que c'est la montée au calvaire et que cette sauvage

clameur est jetée par la horde qui poursuivait Jésus de ses blasphèmes et de ses
hurlements... Il fait moins sombre ici que
dans le village. Des restes de lumière
rouge ensanglantent encore l'horizon, làbas. sur les montagnes de la Tinée. Et
tout cela, ce bruit, ce vent déchaîné, ces
lueurs sinistres dans le ciel, ajoute à la
tristesse du grand souvenir qui remplit
ces jours.

La procession s'est engouffrée dans
l'église, et les enfants eux-mêmes, sur
une menace de mettre en pièces tout instrument qu'on entendrait pendant « l'adoration », ont fait silence pour une heure,
et sont descendus à la crypte. Toute la
population est là. massée dans les étroites
nefs millénaires. devant l'autel où repose,
parmi les lumières et les fleurs, l'Hostie
sainte. Les chants alternent avec les invocations. C'est le frère prieur encore qui
dirige la cérémonie, entonnant les hymnes

7

(*Pange lingua*. *Vexilla regis*, *Lustra sex*)
et récitant pour demander le pardon des
péchés et la préservation des épidémies.
pour les biens de la terre. pour la conver-
sion des pécheurs. pour la France. pour
les bienfaiteurs de la paroisse. pour les
malades, pour les défunts. etc... des sé-
ries de *Pater* et d'*Ave* auxquels l'assistance répond. Quelques instants. je reste
là, agenouillé dans un coin. près d'une
vieille femme dont les doigts tremblent
sur son bâton. Puis il me semble que je
pourrai mieux, depuis l'église supérieure,
m'associer à la piété de cette « fonction ».
Là-haut, une torche en cire, posée sur la
rampe de l'escalier qui mène à la crypte,
fait dans la nef gauche, une vacillante lumière jaune. Le reste de l'édifice est obscur, avec seulement, par places, aux voûtes
et sur les murs, de vagues lueurs. Une
rumeur confuse de prières monte de la
chapelle souterraine. Assis sur un vieux

banc, tout seul, dans l'ombre épaisse d'un pilier, j'écoute, en essayant de me prêter au recueillement profond de l'heure et du lieu. C'est à présent le *Stabat* qu'ils chantent. Les divines strophes m'arrivent assourdies, lointaines, et cependant distinctes. L'air qui les apporte est bizarre, sans rien de la tristesse passionnée qui respire dans la mélodie liturgique. A mesure pourtant qu'elles défilent, la vision s'évoque sous les yeux, avec une émouvante précision, de cette mère dressée au pied de la croix où son Fils meurt. Qui la regarderait d'un cœur froid ? Quelle âme, ayant conscience d'ajouter tous les jours à son amertume, refuserait de prononcer la prière brûlante : « O mère, fontaine d'angoisse, faites que je pleure avec vous. Partagez avec moi votre peine. Faites que mon cœur soit blessé des plaies de votre Fils, que je m'enivre de sa croix et du sang qui coule de son corps. *Fac me pla-*

gis vulnerari — Fac me cruce inebriari — Et cruore Filii ? — Prose de douleur, irrésistible invitation à la pitié. La douceur est inexprimable de s'ébranler lentement à ces appels, de sentir s'éveiller en soi d'obscures puissances d'amour et de repentir, de s'émouvoir jusqu'aux larmes...

Là-bas, le murmure sourd des prières a recommencé. Quittant mon coin d'ombre, je redescends dans la crypte. Une bizarre odeur de cire, d'humidité, de foule pressée, flotte sous les voûtes basses. La vieille femme tremblante n'a pas bougé. agenouillée sur la pierre nue, depuis une heure. (Peut-être aurais-je dû faire comme elle ?...) L'adoration touche à sa fin. L'on prie en ce moment pour les morts. Tout à coup retentit par un soupirail, inattendu, sinistre comme un appel au feu, un mugissement de corne... Quel est ce sauvage ? Je les croyais pourtant tous ramassés ! Un peu honteux de l'insuccès de ma police, j'escalade l'escalier. Mais dehors, la lune me dénonce et quand j'arrive enfin derrière l'abside, personne. L'affreux hibou s'est envolé.

La tête passée dans l'embrasure épaisse du soupirail, j'essaie de voir à l'intérieur du souterrain. C'est à présent, là-dessous, un remuement de formes blanches, dans une lueur de cierges, et cela fait rêver des caves où les chrétiens des premiers siècles tenaient leurs clandestines assemblées. Puis les derniers flambeaux s'éloignent, le bruit des derniers pas se perd dans des sonorités profondes. La crypte reprend son silence de sépulcre et son obscurité que perce à peine un vacillement de veilleuse.

A l'extérieur, le vent souffle. Derrière la confrérie qui regagne hâtivement la chapelle pour y chanter « Ténèbres », les cornes et les crécelles font rage, et l'on dirait, sous la lune resplendissante, un défilé de fantômes qui fuient, chassés par cet infernal vacarme.

VENDREDI SAINT. — De grand matin, l'adoration de la croix commence à l'église. Dans la nef droite, les recteurs ont disposé, sur un linge, par terre, deux grands crucifix, l'un en haut, tout près de l'autel, pour les hommes, et l'autre non loin de la porte, pour les femmes. Deux torches brûlent à côté, et il y a là une provisions de petits cierges. Les gens arrivent par groupes, et vont d'abord prier à la crypte devant le « tombeau ». Remontés dans l'église, ils se déchaussent, allument à la flamme des torches un des petits cierges, et reviennent s'agenouiller à quelques pas du crucifix. Lentement alors, ils s'avancent sur les genoux, par étapes, en murmurant des prières. Arrivés près du Christ, ils lui baisent les pieds, puis éteignent leur cierge, remettent leurs chaussures, et s'en vont. Pendant ce temps, le prêtre fait au maître autel sa « fonction » à laquelle personne à peu près ne prend garde. Quand il faut remonter du « tombeau » l'hostie consacrée qui va servir à la messe des « Présanctifiés », une vague procession s'organise. Ensuite, les enfants de chœur presque seuls s'occupent de cette messe, intéressés par son extraordinaire brièveté. Demain ce sera mieux encore. Il n'y aura pas cinq personnes à l'office, et je les étonnerai fort, en chantant pour mon seul plaisir, dans la grande sonorité de l'église vide, l'admirable *Exultet*.....

— Ah ! combien je voudrais pouvoir me dire. pour tous ceux-là qui viennent se traîner à deux genoux, au matin du Vendredi saint, vers le Christ, que ce baiser mis par leurs lèvres sur ses pieds sanglants, c'est aussi le baiser de leur cœur résolu aux mille sacrifices qu'exige la vie chrétienne ; qu'il n'y a là nul machinisme ;

que l'âme a passé dans ce geste !... Ici, c'est l'éternelle inquiétude. D'avoir vu, hier matin, beaucoup de ces hommes faire leurs Pâques, ne suffit pas à l'apaiser. Combien sont-ils à Saint-Dalmas qui connaissent vraiment Dieu comme une volonté maîtresse, devant laquelle toujours leur volonté à eux doit s'effacer ?... Car, en religion, tout est là. Il faut aimer assez pour obéir, et quand l'obéissance est douloureuse, il faut accepter de souffrir. Les plus touchantes cérémonies ne valent que si le cœur s'y met. Par ce qu'ils dénotent de croyance conservée, des gestes et des usages comme ceux que je viens de décrire enchantent un jeune prêtre, à ses débuts. Mais il se demande bientôt s'ils s'accompagnent, chez plusieurs, d'une religion vivante et agissante. Deux années sont plus qu'il ne faut pour le persuader du contraire. Après ces fleurs, il attend vainement des fruits. Heureux encore doit-

il être que l'arbre ne soit pas mort, qu'il
y circule un peu de sève. Il en aura plus
de courage pour labourer autour du tronc,
et pour donner à boire au sol aride tout
le sang de son âme.

X

VISIONS ALPINES

Des amis m'ont souvent pressé de me procurer un appareil photographique. « Vous prendriez des « vues », me disaient-ils, dans votre cher Val de Blore, et cela vous ferait des souvenirs. » Je n'ai pas suivi ce conseil et me suis jusqu'à présent contenté de recevoir avec reconnaissance des vues de Saint-Dalmas, à moi très aimablement adressées par des amateurs qui firent au délicieux village l'honneur de le regarder un instant dans leur objectif. Il y a de la paresse dans mon cas. Car faire de la photographie, c'est-à-dire prendre des clichés,

développer des plaques, et puis tirer, virer,
fixer, c'est un plaisir, je n'en doute pas,
mais c'est aussi une occupation, un grave
travail, et je ne fus jamais soucieux, pauvre
frivole que je suis, de m'encombrer à ce
point de vue-là. Mais surtout je ne crois
pas qu'un appareil soit indispensable pour
se conserver des « souvenirs ». N'expéri-
menté-je pas tous les jours que ma mémoire
excelle à choisir parmi les spectacles qui
me frappèrent et qu'elle conserve avec une
parfaite netteté ceux qui méritaient de
vivre ? Je possède là une collection sans
cesse accrue de « vues » qui dureront autant que moi, et que c'est délicieux de feuil-
leter, aux heures grises, en fermant les
yeux. Je voudrais fixer ici quelques-uns
des tableaux dont mon séjour à la montagne enrichit cet album intérieur. Si je
parvenais à les rendre avec autant de netteté qu'un peu d'effort me les fait retrouver
en moi-même, peut-être comprendrait-on

que j'aie voulu en grossir ce petit livre où tant d'autres pages auront déjà paru, je le crains, très médiocrement dignes de figurer.

*
* *

Pourquoi m'est-elle restée cette vision de brouillard dont s'illustra le déclin d'une banale journée de l'automne dernier ?

C'était un samedi soir, je partais pour Rimplas, mon binage, et mes yeux s'enchantèrent devant la brusque apparition, au sortir de nos rues pleines d'ombre, d'un spendide et bizarre décor. Des parages de la Tinée montaient des vapeur éclatantes. saturées de lumière. qui s'élargissaient lentement, emplissant le fond de la vallée comme d'un flot de métal fondu. Sous les rayons obliques du soleil déjà déclinant, leur surface embrasée miroitait, accentuait la netteté de ses bords, prenait des

aspects de lac argenté. Tout autour, c'était
le resplendissement clair et froid d'une
après-midi de novembre. Dans une transparence d'air admirable et qui s'accroissait
encore, eût-on dit, du faiblissement gra-
duel de l'éclairage, les pentes noires de la
forêt, depuis longtemps plongées dans
l'ombre, se déroulaient jusqu'à baigner
dans le flot montant des vapeurs ; de l'autre
côté, des montagnes offraient aux rayons
pâlissants leurs côtes brunes rougies, par
par places, d'écorchures ; et à mesure que
je descendais, le changement de plan me
permettait d'apercevoir les dessous de
l'éblouissante plate-forme ; l'œil découvrait
des profondeurs sombres où les arbres
semblaient noyés dans d'humides pous-
sières de plomb ; et la clarté du ciel, qui
restait sur toute la vallée supérieure bleu
et pur, faisait plus saisissant encore, par
contraste, l'obscurcissement de ces lointains enténébrés.

Brusquement toute cette masse de vapeurs, qui semblait depuis un moment immobile, s'ébranla. La mer d'argent liquéfié parut se prolonger au-dessus de ma tête en vagues flottantes de brouillard. Des traînées grises s'épaississaient aux flancs des bois, léchaient les montagnes fauves, glissaient de plus en plus pressées vers Saint-Dalmas. Durant quelques minutes encore, en me retournant, je pus, comme par un soupirail, entrevoir un lambeau d'azur, distinguer un sommet neigeux que le soleil couchant teintait de rose. Puis le cercle gris se ferma. L'envahissement se produisit de tous les côtés en même temps. Du brouillard montait, descendait, m'enveloppait. Durant près d'une heure je marchai à travers un nuage impalpable et couleur de cendre qui noyait tout dans des opacités grisâtres. Les choses n'étaient pas distinctes à dix pas, à cinq elles semblaient sans contours. Les rochers, les barrières, les arbres sortaient, sur mon passage, de l'irréalité, reprenaient quelque précision, puis ils s'évanouissaient de nouveau, au bout de quelques pas, dans la brume. Je marchais respirant de la vapeur d'eau, sentant mes habits s'imprégner d'une humidité subtile et traîtresse que l'on eût cru au premier abord bien incapable de mouiller, et qui mouillait pourtant, qui mouillait peu à peu jusqu'à vous glacer.

Quand je sortis de là, une lieue plus loin, sur la route qui monte à Rimplas, je ne vis plus le soleil. Il était descendu derrière l'horizon. Mais dans le ciel des rougeurs mourantes et quelques nuages bordés de rose pâle disaient assez combien splendide avait dû être son coucher. Et derrière moi maintenant, à mesure que je m'élevais, se précisait l'aspect d'une mer sombrement grise, celle-là même que je venais d'explorer en ses profondeurs. Ses ondes opaques recouvraient encore la basse région des châtaigniers et des vignes. Mais son niveau baissait à vue d'œil. Très vite, les châtaigniers se dégageaient. La vieille chapelle de Saint-Donat ne tarda pas à émerger. Le toit rouge d'une grange apparut. Alors ce fut la fin. Le brouillard décidément tombait. Au lieu de remonter, comme d'autres fois, et de s'évaporer dans l'air, il s'abattait, ce soir, en fine rosée.

Mais tout le pittoresque de son invasion et de son effacement ne m'avait pas conquis. Mouillé et frustré d'un coucher de soleil qui s'était annoncé magnifique, j'étais en arrivant à mon auberge d'assez méchante humeur. Je crois que l'aubergiste s'en aperçut, car il me soigna mieux qu'à l'ordinaire. Ayant considéré en soupant que le plus somptueux crépuscule ne m'eût vraisemblablement rien laissé qui égalât en précision les images que mes yeux gardaient de cette après-midi d'automne, j'entrai dans mon lit consolé.

*
* *

En allant à Rimplas encore, à travers la vallée neigeuse, une nuit d'hiver où brillait la lune.

Il était onze heures environ, et je dormais depuis longtemps, lorsque des coups violents frappés à la porte extérieure du presbytère me réveillèrent en sursaut. Deux jeunes gens étaient là, gelés. Une vieille femme là-bas ne se trouvait pas bien, et il était prudent de l'aller voir. Le temps de s'habiller, de s'encapuchonner, de se guêtrer, car c'est huit kilomètres à faire dans le vent, avec de la neige à mi-jambes, et nous voilà partis.

La neige était tombée la veille, et dans la foulée déjà faite notre difficulté d'avancer n'eût pas été, en somme, excessive sans le

vent, un vent furieux sous lequel gémissait lamentablement la forêt, et dont les
rafales, cinglant de tous les côtés à la fois.
nous repoussaient, nous bousculaient.
nous aveuglaient de poussière de neige.
Une telle promenade, à pareille heure et
par un pareil temps, serait de médiocre
agrément. si la nuit se trouvait obscure.
Mais il y avait la lune. Dans la limpidité glacée du firmament, elle trônait splendide et
souveraine, pâlissant dans son rayonnement les étoiles, versant des flots de lumière blanche sur les montagnes blanches.
Nous cheminions dans un paysage enchanté. Le Bois-Noir lui-même avait perdu
un peu de son éternel aspect sombre.
Éclairé en plein par la lune et saupoudré
de neige, il semblait avoir fait effort pour
se mettre avec la plaine à l'unisson dans la
blancheur monotone. Et tout ce blanc auquel mon imagination tendue s'obstinait à
prêter depuis un moment je ne sais quoi

de mortuaire, ce blanc immense ne fatiguait pas. Les yeux s'y reposaient au contraire, comme s'il se fût atténué d'un très imprécis reflet bleu. C'était un peu la nuance particulière que j'ai cru voir parfois, durant les veillées funèbres, au linceul. Oui, à l'observer très attentivement, à fixer surtout les lointains, elle paraissait bleue, la neige, très pâlement bleue. Cela m'avait échappé d'abord, dans l'espèce d'éblouissement produit par la première vue. Mais il était évident que ce n'était pas là du tout l'éclatante blancheur qu'elle prend d'ordinaire sous le soleil. Cet éclairage de lune, comme font sur un suaire les cierges, la bleuissait.

Pour me sentir plus seul et me prêter plus efficacement au charme mystérieux qui s'exhalait de ce décor neigeux et lunaire, j'avais voulu marcher le premier. Mes deux campagnons suivaient à quelques pas, sans que presque je les entendisse. Nous ne parlions pas. Le vent nous laissait plus tranquilles à mesure que la vallée s'abaissait. Il s'apaisa enfin complètement. Mais dans les sapins des hauteurs son grondement s'entendait toujours, comme si cinquante locomotives eussent roulé par là-haut sans trêve. Et ces rumeurs, le calme subit de l'atmosphère autour de nous, notre silence, l'étouffement des pas dans la neige, collaboraient à compliquer d'une impression de solitude et d'épouvante l'étrangeté de cette expédition nocturne.

Minuit sonnait comme nous passions dans la Bolline. Une auberge s'y trouvant éclairée, les deux jeunes gens proposèrent d'entrer pour « prendre quelque chose ». Ils avaient si visiblement soif et grelottaient de telle manière que je n'osai leur refuser. Nous fîmes donc halte et pénétrâmes dans une salle où s'attardaient auprès du poêle, avec le propriétaire et sa femme, trois joueurs de cartes. Et vraiment, bien qu'il me tardât de poursuivre et que le nouveau jour commencé m'interdît d'imiter mes compagnons qui savouraient un verre de vin chaud, je ne les trouvai pas désagréables à passer, ces quelques minutes, dans la douce atmosphère de ce cabaret bien chauffé. Mais vite nous dûmes repartir, et à repenser cette nuit, je retrouve dans ma chair le frisson qui me secoua tout, à cet instant pénible où il fallut quitter la bonne chaleur de cette auberge, pour nous renfoncer brusquement dans l'air glacial du dehors et la neige.

*
* *

Une dernière vision, voulez-vous, vision rapide, mais dont les détails et l'enchantement subsistent en ma mémoire avec toute la fraîcheur du premier jour. Elle me surprit, celle-ci, un dimanche matin,

au sortir d'une nuit étrange passée à Rimplas, dans une chambre un peu écartée
du village, au-dessus d'une grange. L'impression de cet isolement, le vent qui
n'avait pas cessé de souffler, la fatigue, la
fièvre avaient fini par épaissir sur moi
comme une atmosphère de cauchemar et
toute ma nuit n'avait été qu'une succession
de terreurs indicibles et folles. Mais lorsque, vers cinq heures. j'écartai les volets
des croisées. quel émerveillement !

En face de moi, de l'autre côté du gouf-
fre de cinq cents mètres où s'entendait
confusément la Tinée, sur un admirable décor de montagnes neigeuses, le ciel s'étendait tout rose, immensément rose. Les
sommets gardaient en dessous cette blancheur sans rayonnement, précise et froide,
qu'ils ont presque toujours, le matin, avant
d'être touchés par le soleil. Et plus de
vent, bien entendu. Pas d'autres bruits
que le sourd grondement de la rivière,

et le grincement, vaguement perçu, de
quelques portes, indiquant que le village
s'éveillait. Dans le recueillement de cette
aurore limpide et silencieuse, c'était d'un
saisissement étrange la vue soudaine, au
sortir des quasi-ténèbres, de tout ce rose
déployé. Plus sa teinte pâlissait dans les
hauteurs du plein ciel, plus elle s'avivait
vers sa base, au voisinage de l'horizon. Et
l'on devinait bien, aux reflets roses qui
commençaient à baigner les neiges, qu'elles
allaient bientôt s'enflammer. Mes yeux
fixés sur le « Mounier » dont la silhouette
commandait là-bas le paysage, guettaient
la minute précise où le soleil l'atteindrait.
Elle ne tarda pas. Une tache rose vif se
posa mystérieusement sur son extrême
pointe, puis s'agrandit avec lenteur en
s'affaiblissant. D'autres sommets bientôt
se teintèrent. Ce fut durant quelques minutes un émerveillement. Tout flamboyait
dans un épanouissement de splendeur

rose. Du rose diamantait les crêtes, coulait le long des pentes, allumait des feux dans les pins. Mais à mesure qu'il s'étendait, sa coloration pâlissait, il commençait à s'évanouir dans la lumière grandissante. Et je trouvais qu'il venait trop vite, le plein jour, qu'il était trop pressé de substituer sa banalité à la magnificence de ce pur matin.

XI

QUELQUES BILLETS

Février 1910.

Vous demandez, mon cher ami, quels peuvent être ici mes plaisirs. L'on voit que vous ignorez la montagne dont les agréments sont rares et variés. Je mets au premier rang ceux qu'offre l'hiver. Plus que sous la verdure, j'aime cette vallée sous la neige ou dans le fracas des tourmentes. Marcher tout seul au sein d'une immensité blanche, dérouler péniblement un chapelet de pas assourdis, se sentir séquestré, perdu à mille lieues du monde, et comme dans un autre monde, il n'est rien de plus exaltant. Et puis ce sont les monotones journées grises, si longues et que le travail même n'abrège pas, et les émouvantes soirées, lorsque, le front collé aux vitres, l'on regarde tomber la neige, ou qu'on écoute les hurlements lointains du vent dans les mélèzes dénudés. De cette molle descente des blancs flocons, de ce lent ensevelissement, de ces rumeurs, là-haut, dans le Bois-Noir déroulé comme un vaste crêpe au flanc de la montagne énorme, l'imagination s'exalte prodigieusement. Elle évoque les dures et parfois sanglantes légendes qui planent sur ces espaces désolés. Peut-être penserez-vous que de telles impressions doivent à la longue se ternir, se dépoétiser. Il n'en est rien si l'on sait s'y prendre. Il n'y a de pénible ici que le premier contact avec l'hiver. Quand une fois son enchantement vous a pris, il ne faut plus que de

légers soins, un simple effort de volonté
et d'imagination pour maintenir de la
beauté sur des aspects que risquerait de
banaliser l'accoutumance.

Au reste, je reconnais que ces émotions-
là deviendraient vite intolérables, si elles
persistaient sans répit. Aussi les délaisse-
t-on volontiers, quand vient la belle saison, pour des bonheurs moins raffinés,
mais plus concevables. Partir au matin,
dans l'air frais, à l'heure où le silence
n'est troublé que d'un bruit de faux
aiguisée, d'un chant de coq ; ouvrir sa
poitrine aux mille senteurs des champs,
des prés, de la forêt ; fouler durant des
heures les mousses en cheminant sous la
voûte obscure des sapins ; se coucher par
terre, respirer la santé du sol et des
plantes, s'émouvoir d'une source bruis-
sante, d'un somptueux soleil couchant ou
de la nuit qui tombe et parmi ces trésors
éparpillés, aimer les choses, aimer les

hommes, aimer la vie, voilà de simples et saines jouissances, divinement reposantes, et dont l'esprit, le cœur et le corps s'accommodent délicieusement.

Et si vous êtes surpris, mon cher ami, qu'en plein février, sous la neige, j'en aie la sensation si présente et que je mette à les évoquer tant de complaisance, c'est qu'ayant découvert tout à l'heure, en remuant des vieux livres, un edelweis desséché entre les feuillets d'un Saint-Augustin, la vue de ses pétales aplatis m'a fait soudain monter à la face tout le parfum, toute la fraîcheur exquise du matin d'été où je le cueillis.

*
* *

Mai.

Nous avons célébré, les 3, 4 et 5 mai, notre « Festin » de la Sainte-Croix. Je veux noter pour vous quelques impressions

qui me sont restées de ces journées pittoresques et trop vite enfuies.

Dès la veille c'était charmant. La plus
joyeuse animation régnait, vers cinq heures
du soir, sur la place et dans les rues. Des
bouchers saignaient en plein air des moutons, des veaux, des chevreaux. Des ménagères s'empressaient autour. D'autres ba-
layaient devant leur porte. C'était partout
de la bonne humeur épandue. Tout à coup
des fanfares éclatent et les chefs de la
jeunesse s'élancent à la rencontre des
musiciens. Ça sent la fête.

Deux heures plus tard, la paroisse entière massée dans la crypte clôturait la neu-
vaine de la Sainte-Croix. Comment vous
dire la poésie, le charme prenant de ces
cérémonies souterraines ? Je les goûte
depuis un an sans m'y habituer. La foule
chante et ses voix s'élancent, heurtent aux
murailles énormes, s'évadent par l'escalier jusqu'en l'église supérieure qu'elles

emplissent de clameurs sourdes, et par les soupiraux s'épandent sur les champs voisins, d'où un étranger les prendrait pour des échos de catacombes. Je suis friand de cette impression, et je me suis levé mardi avec le jour pour aller, tandis que les Pénitents chantaient l'office, rôder aux alentours de la crypte, au risque d'attraper un rhume, car il faisait froid.

C'est un « cinéma » qu'il faudrait pour vous restituer la physionomie de l'église durant la grand'messe. Il est venu des pèlerins de Marie, de Saint-Sauveur, de Rimplas, de la Bolline, de la Roche, de Venanson, de Saint-Martin et de Roquebillière. Tandis que des prêtres en ornements rouges accomplissent dans le chœur tout illuminé les cérémonies liturgiques, à la tribune les hommes exécutent cette délicieuse messe du deuxième ton dont les harmonies légères, aériennes et si éperdument suppliantes font prier les âmes...

Domine Deus... Qui tollis peccata mundi...
En bas, accroupies par terre auprès du
tambour, deux ou trois mamans dégrafées
allaitent leurs nourrissons, sans plus de
gêne que si elles se trouvaient au coin de
leur feu, et l'on entend, de temps à autre,
un petit cri aigre. Dans la grande nef, des
deux côtés de l'avenue centrale, s'alignent
debout, sur deux files, les jeunes gens et
les demoiselles. Après l'offertoire, le cé-
lébrant et ses assistants s'avancent à la
balustrade, les musiciens attaquent un
air traditionnel et « l'offerte » commence.
Tour à tour les garçons s'avancent, tenant
en main une hallebarde en haut de laquelle
s'agite un coq enrubanné. Chacun d'eux
salue, baise la relique, met un sou dans
l'assiette, salue encore et se retire à recu-
lons. Le coq est remplacé, pour les jeunes
filles, par une blanche colombe nichée
dans une corbeille fleurie. Si je vous dis,
mon cher ami, que cette originale céré-

monie, curieusement suivie par l'assistance, se déroule au milieu d'un sérieux parfait, vous ne m'en croirez pas et vous aurez tort.

La messe terminée, les curés présents sont attendus à la sortie, complimentés, remerciés, cocardés, et reconduits au presbytère par la jeunesse entière, musique en tête. Tout cet entrain n'est pas sans les griser un peu, et j'en ai vu, non des plus jeunes, qui marquaient le pas en poitrinant comme des collégiens. Et puis... l'on va dîner. J'aurais ici de fort appétissants tableaux à vous présenter, cher ami. Mais vous n'y étiez pas. A vous imposer ces peintures de tables surchargées et de visages allumés, j'aurais peur de vous rendre mélancolique.

Dans la soirée, après avoir longuement processionné et vénéré la sainte relique, l'on s'est mis à danser et à boire, pour trois jours.

*
* *

7 mai.

C'était hier le dernier jour des Rogations. Nous sommes allés à une croix qui domine la vallée, derrière le village. Les jeunes filles marchaient devant, puis le curé, les chantres et la foule. Ah ! la charmante promenade, à travers la campagne, dans la tranquillité du matin. L'air est si pur, et la chanson des cloches est si gaie, et la caresse du printemps si douce, qu'une allégresse vous envahit, et que l'on croit sortir de tombe avec la nature... On est très bien à Saint-Dalmas en ce moment, mon cher ami. L'hiver est mort. La forêt lentement s'habille. Des petits coins ombreux s'y préparent que nous découvrirons avec délices, cet été. L'odeur des pins se répand plus forte. Parmi l'éclosion universelle, devant le damier vert des

champs et des prés. on respire à pleine
poitrine, on chante, on prie, on est parfaitement heureux.

22 août.

Je m'arrêtai l'autre jour à contempler
près de Saint-Dalmas une vieille femme
qui moissonnait. Son effort était si pénible et elle accompagnait chaque coup de
faucille d'un tel gémissement de fatigue
que des larmes me vinrent aux yeux. Est-
ce le besoin qui l'oblige à s'épuiser ainsi ?
nullement. Les siens sont plus à l'aise
que beaucoup. ils ont de la terre plus
même qu'ils n'en peuvent cultiver. et c'est
pour ne pas laisser de travail à faire
qu'elle veut. malgré son âge. aider aux
autres. Beaucoup de vieillards agissent
ainsi pour la même raison. Ce sont ici,
comme partout, les bras qui manquent.
Le Val de Blore pourrait nourrir deux ou
trois fois plus d'habitants qu'il n'en ren-

ferme à l'heure qu'il est. Les causes?...
L'émigration d'abord, c'est évident. Mais
il faut accuser aussi les jeunes gens qui
restent au pays et qui ne se marient pas,
ou trop tard. Croyez-vous qu'en deux ans
j'ai fait à Saint-Dalmas... un mariage?
Aussi les vieux célibataires y foisonnent.
Est-il besoin de vous dire qu'ils ne sont
pas en général les meilleurs chrétiens?

Un journal m'apprenait, l'autre jour,
qu'un député américain a dernièrement
déposé un projet de loi taxant d'une rede-
vance spéciale les vieux garçons à partir
d'un certain âge. Voilà un impôt qui ne
serait pas inutile ici. On l'appellerait
l'impôt sur le célibat illicite, et le revenu
en serait affecté à payer des toilettes aux
nouvelles mariées.

A vrai dire je crains qu'une loi même ne
restât sans effet. Si tous mes paroissiens
faisaient leurs pâques, j'aurais plus confiance.

*
* *

6 *décembre.*

Saint Dalmas fut un soldat. La tradition nous dit qu'il fut aussi évêque. Mais cette tradition, il est évident que notre statue, qui représente un soldat romain avec un couteau planté dans le crâne, la démolit victorieusement. Je ne sais quel prédicateur, s'étant avisé de soutenir le contraire, témoigna de son ignorance et fut parfaitement méprisé.

Saint Dalmas fut donc soldat, rien que soldat, il est mort soldat. Aussi l'honore-t-on militairement. Quatre soldats portent sa statue à la procession, deux chasseurs alpins et deux fantassins. Ces derniers sont-ils bien réellement des fantassins ? Ils en ont certainement la tunique, mais je ne suis pas sûr qu'ils en aient le képi. Devant ce groupe majestueux, le drapeau tricolore s'avance porté par un artilleur de marine, qu'encadrent, sabre au clair, un dragon sans casque et un chasseur d'Afrique coiffé d'une chéchia authentique. Tout cela ne manque pas d'allure et fait pour les années prochaines de magnifiques promesses à la patrie. La démarche est martiale. les boutons reluisent, les guêtres sont cirées, l'on porte les bérets d'un air crâne, et la façon significative dont les culottes remontent témoigne qu'on n'a pas oublié ses bretelles.

Ce joyeux festin de Saint-Dalmas se trouve placé au seuil de l'hiver, un peu comme le mardi gras au commencement du carême. S'il est ici une fête plus solennelle, je veux dire l'Invention de la Sainte Croix, il n'en est pas de plus pittoresque ni de plus gaie. Peu d'étrangers, sauf quelques parents venus des environs. C'est une fête de famille. On y goûte officiellement le vin nouveau (celui de cette année n'est vraiment pas mauvais). On fait même plus, si j'en crois l'allégresse de certaines figures, que de le goûter. Heureusement pour nos militaires, « la boîte » n'existe pas à Saint-Dalmas. Il est permis de rentrer après l'heure et même de ne pas retrouver son lit.

Les cérémonies terminées, tandis que sur la place un son d'accordéon faisait se trémousser la jeunesse, je suis allé rôder autour du village. C'est l'un de mes exercices favoris. Rien n'est curieux comme la diversité des aspects qu'il prend selon les points d'où on le contemple. Vu de la route, vers le nord, c'est une forteresse avec sa muraille sombre émergeant du roc, son fossé, sa poterne, ses pignons pointus qu'un clocheton surmonte. Du côté du bois, au contraire, il apparaît rajeuni, joyeux, buvant l'air et le soleil par toutes ses fenêtres ouvertes au midi. Parfois cette impression contradictoire nous

est donnée dans le même regard, près
de la place, par exemple, où des res-
tants de muraille et des masures font
rêver d'écroulements prochains, tandis
que plusieurs maisons neuves, à côté,
attestent, chez ce vieux village, une lutte
contre les siècles et les délaissements,
une volonté de vivre.

Entre les deux qualités d'émotion que
Saint-Dalmas nous donne sous ce double
aspect, n'ai-je pas quelquefois hésité ?
C'est ici depuis quelque temps comme une
émulation de bâtir. L'une après l'autre,
les vieilles maisons sont remaniées, s'élèvent d'un étage. Si ma raison toujours
approuva, je dois convenir que trop fréquemment mon imagination se plaignit
des délicieuses vétustés qui disparais-
saient. Mais en outre que ce village isolé
parmi des forêts, près d'un mont tragique,
garde assez de romantisme pour satisfaire
mes médiocres mélancolies, je me sens

ce soir disposé à le regarder d'un œil plus sain. Au diable soit du pittoresque, mon cher ami. Ce zèle bâtisseur, c'est pour l'avenir de Saint-Dalmas un bon signe. Ici, où tour à tour, au hasard de mes impressions, je me sens confiant ou découragé, ces rajeunissements d'un antique village m'orientent vers l'espoir. Dieu préserve ces vieilles murailles de revêtir jamais l'inféconde beauté des ruines !

*
* *

4 *mai 1911.*

Nos fêtes patronales, mon cher ami, sont à la mode de Saint-Dalmas ce que sont les courses d'Auteuil à la mode parisienne. C'est l'occasion que saisissent les « nouveautés » pour faire une sortie brillante. Ce qui m'a frappé, cette année, c'est le nombre croissant de chapeaux qu'arborent les jeunes filles. Il y en avait hier des jaunes, des verts, de noirs, des violets, des gris. des rouges, des roses, des bleus et des café au lait. Il y en avait même qui n'étaient pas loin de réunir toutes ces couleurs à la fois. Sous ces chapeaux rayonnaient des figures, sous ces figures flottaient des costumes pas tous d'accord avec le chapeau. L'effet général était surprenant. Quand la mode vient à la montagne, elle fait des prodiges.

Les jeunes filles de Saint-Dalmas portaient jadis une coiffe charmante. Puis le foulard est venu, dont beaucoup se servent encore, jetant par-dessus, pour certaines cérémonies, un voile de tulle blanc qui fait un effet délicieux quand elles processionnent sous le soleil. Mais voilà que d'aucunes préfèrent le chapeau. Après le chapeau, ce sera autre chose. Elles voudront moderniser le reste de leur toilette. Elles ne s'arrêteront que le jour où elles seront laides complètement. Elles n'en sont pas encore à la « jupe-culotte », mais ça viendra.

Heureusement peut-on se dire qu'une fois mariées, ces goûts leur passeront. Sous l'influence de leurs maris qui, eux n'auront jamais porté de « gibus » ni de faux-cols, elles reviendront au vieux foulard.

C'est en songeant à cela que je me consolais hier soir devant un merveilleux soleil couchant. N'avez-vous jamais éprouvé combien sont tristes les lendemains et parfois même les soirs de fête? La vie monotone va recommencer. L'on songe aux amis qui viennent de partir, à ceux qu'on attendait et qui ne sont pas venus. La solitude, l'exil se font davantage sentir, et il vous prend des envies de pleurer trop vives quelquefois pour qu'on y résiste, trop bêtes toujours pour qu'on les avoue.

Aussi n'est-ce point une confession que cette mélancolique fin de billet.

*
* *

3 novembre.

Supportez-vous les vers, mon cher ami ?
En ce cas voici un sonnet auquel vous don-
nerez le titre qu'il vous plaira.

Le jour de la Toussaint finit. Sous le ciel bas,
La feuille tourbillonne, et dans l'ombre indécise
La foule avec lenteur s'écoule de l'église ;
On entend résonner la terre sous ses pas.

Sur les tombeaux chacun s'agenouille. Le glas
Mêle sa longue plainte au souffle de la bise,
La prière murmure, et plus d'un cœur se brise
A penser qu'ils sont morts et ne reviendront pas.

Et moi, dans cet enclos, misérable étranger,
J'écoute avec amour d'autres cloches tinter,
Je franchis le portail d'un autre cimetière.

Mon enfance revit ; je me prends à pleurer
D'être si loin, et seul de ne pouvoir baiser
Le coin de sol natal où repose mon père.

XII

LE LANGAGE DES CALVAIRES

A la campagne, on peut saisir l'accord de
certaines fêtes catholiques avec la repré-
sentation que donne selon les saisons la
nature. Les cloches du deux novembre
font avec le soleil plus pâle et les feuilles
tombées une harmonie de tristesse douce,
mêlée d'espérance. Les carillons de Pâques
renversent la pierre au tombeau du Christ
et applaudissent à la résurrection des
choses. Mais à la haute montagne, où l'hiver se complaît, il faut patienter encore
quarante jours, pour trouver dans la liturgie une vraie diversion aux exaltations lé-

gèrement forcées que nous goûtâmes des ventées nocturnes ou de la neige tombante.

C'est aux sonneries des Rogations qu'en nous quelque chose tressaille qui reconnaît pour l'ouverture du printemps leur chant matinal. Elles mettent une musique appropriée aux paroles que disent d'accord, tandis que nous processionnons, le paysage et nos âmes.

Du voile tissé sur les hauteurs par les mélèzes reverdis, de la vallée repeinte, d'un parfum accepté d'une haie au passage, et des tiédeurs de l'air, et des invocations que jettent les chantres, une allégresse nous vient qui se mue en confiance, en joie de vivre. Il est beaucoup de cérémonies plus éclatantes. Je n'en sais pas une, celles d'un soir de Toussaint exceptées, qui descende en moi plus profondément.

La Toussaint ! mot de félicité qui rend

un son de deuil. D'où vient ma complaisance à l'écrire en ce chapitre sur les Rogations ? Un peu du contraste que font ces deux solennités, l'une joyeuse, où la vie nous parle ; l'autre sombre, parée de couleurs funèbres, et dont s'émeuvent toutes nos puissances de mélancolie. Ce contraste m'est souligné par celui du décor, de l'heure, de l'accent que rendent les cloches et jusque par le bruit des pas de la foule qui s'étouffaient dans l'herbe du cimetière, et qui résonnent ce matin sur les sentiers pierreux. Mais surtout je sais gré à ces fêtes de me toucher, seules peut-être dans toute l'année, d'une émotion que nulle arrière-pensée amère ne vient gâter. Ces paysans qui marchent derrière moi, je sais qu'avec la même sincérité qui les agenouillait sur la tombe de leurs défunts, ils demandent aujourd'hui à Dieu leurs moyens de vivre. Si d'autres jours j'ai pu craindre que leurs vieux gestes de prière fussent vides de sentiment, leur cœur, n'en doutez pas, est à l'unisson de leurs lèvres pour implorer une bonne récolte. Rien ne vaut comme l'intérêt pour ébranler leur dévotion. Et je n'entends pas dire seulement l'intérêt matériel. Si le désir de s'assurer contre la grêle en était l'unique ressort, ce rustique pèlerinage baisserait, me semble-t-il, en noblesse. Plus d'un fait place dans son cœur à de moins vulgaires soucis. Ne croyez pas ces paysans incapables de voir en Dieu mieux que le fournisseur de leur table. Il en est parmi eux, je le sais, qui se haussent à le considérer comme l'éducateur, le maître de leurs âmes ; qui se sentent ses clients spirituels ; qui vont aux croix dressées dans les champs comme à la source des pensées dont s'alimente leur vie intérieure. Et ce m'est assez de le savoir pour respirer de ces processions une poésie plus forte que celle qui s'exhale de l'éphémère décor environnant. Comment vous la rendre sensible ? En recherchant ce que doivent à la croix ces humbles. Précisons-nous, précisons-leur le sentiment, peut-être mal connu d'eux-mêmes, qui ce matin les range autour d'elle. Essayons que tous à l'avenir prêtent l'oreille au sublime langage des calvaires.

*
* *

« L'homme est visiblement fait pour penser... » Pourquoi ce mot de Pascal me poursuit-il, tandis que je m'efforce, soufflant, chantant, à rattraper les jeunes filles qui grimpent trop vite vers Saint-Roch ? Je l'ai senti en d'autres circonstances d'une ironie si douloureuse, quand il me revenait en mémoire à la vue d'hommes plongés corps et âme dans la matière et visiblement sans moyens de tromper cette dure maîtresse. Un jour surtout, je me souviens, de ma dernière année de collège, à Montluçon. Nous visitions une verrerie, et ce mot du fameux penseur, lu pour la première fois la veille, à l'étude du soir, se chargea pour moi de pitié devant les malheureux à demi nus qui se liquéfiaient à la gueule des fours. « L'ordre de la pensée est de commencer par soi et par son auteur, et par sa fin. » Comment, de telles spéculations, ces esclaves et des milliers d'autres les pourraient-ils seulement entamer ? La terre elle-même, à y regarder d'un peu près, n'accapare guère moins ses servants. S'ils ne veillent à se réserver, ils seront tôt ou tard, et dans toute la violence du terme, abrutis, déshumanisés.

La pensée, ce « propre de l'homme », est un luxe. Il n'appartient qu'à de rares élus d'y vaquer. Telle était ma protestation. Mais ce matin, dans cette campagne qui s'éveille, au pied d'un calvaire qu'entourent les laboureurs en prière, je sens mes réflexions plus au point et qu'une solution existe au cruel problème. Notre nature, notre origine et notre destinée, toutes ces questions sur lesquelles douloureusement se déchirèrent les plus hautes intelligences, l'âme populaire peut en connaître. Un maître. le plus autorisé. les a élucidées sans retour. Les certitudes qu'il apportait, il a trouvé pour les épandre sur le monde un langage que le monde n'a plus revu : langage d'un livre, l'Évangile. et d'un signe, la Croix. L'Évangile, c'est la consignation des réponses aux problèmes que l'homme se pose. Nous venons de Dieu. nous devons retourner à Dieu. La vie nous a été donnée par Lui comme un moyen de Le posséder. Il n'est que de la vivre selon les règles qu'Il a posées. Elles se réduisent à deux : courber sous sa parole notre esprit, et sous sa volonté notre cœur. Et ces deux se réduisent à une : l'aimer.

La Croix, c'est la vulgarisation dans un symbole. de ces hautes pensées, de ces clairs devoirs. Dressée partout dans les campagnes, elle propose à l'âme populaire les éléments d'une divine philosophie, elle la disperse comme un parfum et les laboureurs la respirent. Qu'ils s'ouvrent tout entiers à son influence. Le temps sera fini pour eux d'être dépossédés des préoccupations qui sont l'honneur de la vie.

Du paysan qui passe, et devant elle se découvre, la Croix fait un homme total. C'est par elle seule qu'il cultive toute une portion, la plus riche, de son humanité. Il pense, il a un idéal. La dette du peuple envers la Croix, c'est qu'elle empêche la matière de le submerger.

*
* *

Nous le comprendrons mieux si nous tâchons de suivre son travail, d'analyser son influence dans une âme. Arrêtons-nous devant le laboureur.

Courbé sur le sol qu'il fouille et si grossièrement vêtu, un commis voyageur le mépriserait. Mais je dis qu'il mérite, par sa volonté d'une vie noble, l'hommage de toute conscience un peu haute. Rien de son âme n'est laissé en friche. C'est un ignorant, si vous le voulez. Il possède néanmoins l'essentiel de la connaissance. Il ne vous dirait sans doute pas la composition chimique de l'herbe que ses mains arrachent; mais si vous lui demandez qui a fait l'herbe et pourquoi lui-même doit se soumettre à l'arracher, il vous répondra. Quand il rentre le soir, fatigué, et que son regard habitué aux splendeurs monte vers le firmament plein d'étoiles, vous l'ébahirez facilement à lui expliquer le mouvement des astres; mais si vous lui demandez quelle main les jeta dans l'espace, et les y maintient suspendus, il est là-dessus aussi fort que vous. Il s'ignore lui-même et ne comprend rien au mécanisme de sa machine; mais il connaît son origine, sa destinée, sa loi. Aux plus hautes questions dont s'inquiétèrent les hommes, ce simple a des réponses claires et profondes. Et ce ne sont point chez lui de pures notions, mais des principes de vie intérieure. et le ferment de la plus intense culture d'âme. Oui, cet ouvrier de la terre. ce parfait dédaigneux des élégances physiques travaille à s'ennoblir. Je ne prétends pas que sa conversation intérieure soit constamment au diapason de son idéal. Si nous pouvions à cette minute lire dans son cerveau. nous le trouverions, c'est probable. possédé de soucis vulgaires. Il songe que l'année s'annonce bien. ou qu'avec le prix d'un veau qu'il va vendre il arrondira ses économies suffisamment pour acheter une pièce de terre ou pour bâtir une grange neuve. Mais tout cela. qui de soi-même, au reste, n'a rien de vil mais simplement d'un peu terre à terre, est ennobli, est idéalisé et magnifié par les préoccupations de vie spirituelle que ce chrétien porte, si je puis ainsi dire, à fond d'âme. Comme ces nuages gris du matin que le soleil levant imbibe de lumière et qui deviennent des joyaux roses flottant dans l'azur, pareillement les médiocres soins du paysan s'enrichissent à l'infini sous la coloration de son désir surnaturel.

En quoi consiste essentiellement cette vie intérieure du pauvre ? En l'observance des commandements de Dieu et de l'Église. Mais cela ne va pas sans luttes et notre héros en connaît. S'il y est blessé ou vaincu, il sait quel baume veulent ses plaies, quelle nourriture lui rendra ses forces. Les sacrements lui sont une source intarissable d'énergie. Il trouve en eux les moyens de son ascension. Par leur secours il réalise l'ambition des plus nobles parmi les hommes. Il se hausse au-dessus de lui-même. Humble chrétien qui possède la grâce, en qui Dieu habite, il peut se croire, il est déifié.

De la noblesse d'un telle vie l'humanité entière s'enrichit. A l'encontre de toutes les forces qui l'attirent en bas, elle reste, grâce aux disciples des calvaires, quelque chose de plus qu'une masse confuse qui s'agite avant de pourrir. L'effort d'ennoblissement de ces âmes, leur combat contre la matière, leurs yeux levés vers un avenir divin, gardent flottante au-dessus des ténèbres où le monde s'enfonce, une radieuse et consolante vision d'immortalité.

*
* *

Ce langage n'est point le seul que je crus entendre de nos calvaires rustiques. Je ne les considérai pas uniquement comme les éducateurs de l'âme populaire, et ses maîtres de vie spirituelle.

Souvent ils m'apparurent, plantés sur le bord de quatre chemins, à quelque distance du village, comme des bastions avancés chargés de le défendre contre l'invasion d'idées et de sentiments qui le décomposeraient. Si j'ai négligé ce point de vue, c'est que l'on voit trop bien, par l'exemple de villages voisins où les calvaires sont restés debout quand la religion y est par terre, que leurs pauvres bras étendus ne sauraient rien empêcher. Mais ils continuent de parler, et leur éloquence, qui d'ailleurs trouvera toujours quelques âmes pour s'en nourrir, voudrait nous consoler de leur faiblesse. Sachons nous recueillir et les écouter.

XIII

LEÇONS DE CHOSES

Sur l'extrême sommet des Colmianes,
une après-midi du mois d'août. J'ai erré
depuis le matin à travers ces hautes prairies. dans le parfum troublant des foins
mûrs et la musique éperdue des grillons,
prêtant avec délices mon visage à la fraîcheur des brises qui. même par les cha-
leurs les plus fortes. ne cessent jamais de
souffler là-haut. Autour de moi c'était,
sous un radieux soleil, l'activité joyeuse
des faucheurs, le vagabondage sonore des
troupeaux, puis. par delà le vide des val-
lées, un silencieux chaos de montagnes,

la variété d'un horizon qui modifiait à l'infini ses perspectives selon les caprices de ma promenade.

Mais sur les deux heures, brusquement, et sans que rien l'ait fait prévoir dans la matinée, le ciel s'est assombri vers l'ouest où s'amassaient d'énormes nuages noirs. Leur ombre nous a pris, faisant taire, comme sur un commandement, les inlassables chanteurs de l'herbe. Bientôt, la brise a commencé de souffler plus froid, un grondement sourd a traversé l'air. Évidemment, c'est un orage qui se prépare, un de ces terribles orages d'été qui jettent, pendant une heure ou deux, la terreur sur la montagne, chassant les troupeaux affolés, foudroyant les arbres, inondant tout sous un déluge, et puis, avec la même soudaineté, s'éloignent, se taisent, laissant le firmament plus bleu et l'atmosphère plus radieuse. Mais celui-ci pourtant n'est pas imminent, car si là-bas, vers la Tinée, l'horizon s'enténèbre de plus en plus, tout le paysage opposé est encore dans la lumière, et les monts italiens profilent sur un azur immaculé la ligne violente de leurs arêtes. Aussi l'activité des montagnards continue-t-elle aux alentours. J'entends de loin en loin leurs appels, le bruit d'une faux qu'on aiguise, des tintements de clochettes. A part ces bruits qui le traversent et qui d'ailleurs ne le rompent pas, mais le rendent au contraire comme plus sensible, c'est à présent le silence, cet absolu silence des altitudes que l'oreille croit percevoir, tant il est profond. Avec délices je l'écoute, couché dans l'herbe courte aux senteurs exquises, ou, pour mieux dire, dans les fleurs, car les Colmianes sont un parterre que la neige féconde, et leur blancheur des longs mois d'hiver se mue, l'été venu, eu un merveilleux manteau vert, puis diapré, que tissent toutes les variétés des fleurs de montagne.

Elles s'abaissent en pente brusque, ces prairies, vers le Val de Blore qui déploie, cinq cents mètres en dessous, sa plaine toute jaune de moissons. Les pentes arides du mont Raja et de la Balme la dominent à droite, et sur sa gauche, le majestueux Bois-Noir incline jusqu'aux ors des champs la splendeur sombre de ses futaies. Plus loin, vers la Bolline, des prairies du vert le plus frais se suspendent aux flancs d'une montagne ocreuse. Et ces assemblages de couleurs feraient pour le regard un enchantement, n'était que tout déteint, s'obscurcit sous un ciel de plus en plus noir. Les nuages, sur cette partie du paysage, n'ont pas cessé de s'épaissir, cachant déjà les sommets du fond. La menace d'orage se précise, et je me sauverais si toujours je n'apercevais, en me retournant, ce bleu splendide et rassurant du ciel, au-dessus des montagnes de la Vésubie ; s'il n'y avait aussi, tout près, une grange, où je sais que j'aurai le temps de me réfugier si l'orage éclate.

* *
*

Mais il apparaît bientôt d'une façon claire qu'il n'éclatera pas, que c'est un orage avorté. Une brisure s'est produite là-bas, dans l'épaisseur des nuées sombres, par laquelle s'entrevoit un rougeoiement étrange, comme un lointain reflet d'incendie. D'autres plus profondes succèdent, crevassant de toutes parts ces espaces funèbres, parsemant de taches sanglantes l'horizon entier. Ces taches grandissent, paraissent les entrées d'un royaume magique, des orifices d'enfer. Sous l'effort du soleil qui, caché derrière eux, les disloque, les nuages prennent des aspects de cataclysme. Sur le fond embrasé du ciel, des paysages fantastiques se forment et se déforment. Les hautes murailles d'une ville s'édifient soudain, puis s'écroulent. Aux bords d'un fleuve de feu, une ruine tragique surgit, où je reconnais la silhouette d'un burg des légendes. Des horizons imaginaires se superposent, entre lesquelles des plaines démesurées s'étendent ; le ciel, dont les colorations s'avivent de minute en minute, semble se prolonger en des perspectives de cauchemar.

Ah ! la splendeur tentante de ces arrière-plans lumineux ! De leur contemplation obstinée, je sens qu'une volupté me vient qui n'est plus seulement le plaisir des yeux, mais qui naît du prestige qu'exerceront toujours des chimères, fussent-elles monstrueuses, sur une imagination jeune et romantisée. Et même, est-ce bien mon imagination seule qui s'émeut ? La qualité de rêve que fait sourdre en moi la vision de ce ciel en feu, je la connais trop bien. j'abandonnai trop fréquemment mon cœur à ses appels pour demeurer capable d'illusion sur les dangers de l'attrait qu'elle inspire. Une âme veut de l'espace, des agitations merveilleuses, les plus beaux frissons. Pour s'évader des contingences dont la platitude la dégoûte, elle se bâtit des palais enchantés où passent, au gré de son désir, mille fantômes. C'est un bonheur pour elle si, dans l'instant même où elle se prête à leur enchantement, quelques réflexions ou mieux encore des réalités lui font sentir son erreur et que cette soif d'inconnu, c'est le principe de tous les déracinements, un virus de stérilité. Le jeune paysan que la ville attire diffère-t-il tant de moi-même, si prompt encore aux inquiétudes et troublé puérilement ce soir par les magies d'un coucher de soleil ? Si mes nostalgies sont plus distinguées, si je leur donne des objets plus hauts, à mon goût, que les vulgaires bénéfices escomptés par ce déserteur, nos psychologies pourtant se ressemblent. C'est en nous deux la même fatigue des monotonies, une pareille facilité à nous confectionner des chimères à l'encontre des circonstances, le même besoin de changer. Et vraiment, des fulgurations comme celles qui, à cette heure, me captivent, seraient pour nous faire mépriser le plein jour. Mais si la grande lumière est la moins somptueuse, c'est la seule féconde. Qu'espérer des stériles splendeurs de l'aurore ou bien du couchant? Elles sont propres à m'enchanter, mais elles ne feraient pas mûrir un épi. Ce n'est pas d'elles que je puis tirer des conseils de vie.

Devant moi. dans le soir qui vient. l'humble Val de Blore se dessine avec une précision que rend presque dure le contraste de ses aspects sombres avec les fantasmagories qui remplissent le ciel. Une ombre violette noie déjà sa plaine où pourtant s'aperçoivent encore les villages,

les clochers, et de toutes parts sur les
pentes, des sonneries promenées m'aver-
tissent que les troupeaux rentrent. Paysage
étroit, sans réelle magnificence. Je ne
saurais toutefois le trouver mesquin. Sous
l'apparente insignifiance des existences
qui s'y confinent, je sais quelles fécondités se dérobent. Ici, dans l'ombre
protectrice des églises, des âmes se maintiennent, d'admirables fleurs humaines
s'épanouissent. Mais le secret de leur per-
sistance c'est qu'elles acceptent des conditions de culture séculaires, toute une
monotonie d'occupations, de sentiments
et de pensées qui vient des aïeux. Cet
exemple me parle, m'avertit des stérilités
qui gisent sous l'éclat trompeur de certains rêves. Dans l'atmosphère exquise de
ce beau soir, tout s'emploie à me pacifier.
Une sérénité s'exhale des décroissances
de la lumière, de cette forêt où la brise
fraîchissante fait une rumeur, et de ces

profondeurs où fument les villages. De la paix m'enveloppe, m'imprègne, descend en moi comme une boisson fraîche.

*
* *

Maintenant, c'est presque le crépuscule. Des magies lumineuses de tout à l'heure il reste seulement une phosphorescence, comme le reflet d'une ville immense qui se serait allumée pour la nuit derrière l'horizon. Et là-bas, du côté italien, une autre splendeur vient de s'épanouir. Tandis que les flancs boisés des montagnes s'indécisent dans du violet qui s'assombrit vers les bases, plus haut, dans les immensités du ciel pâle, tous les granits des crêtes sont roses. Et c'est toujours, pour moi qui me suis ce soir entraîné à recueillir un conseil des choses, le même avertissement d'aridités gisant sous des magnificences éphémères, la même invitation à s'accommoder du réel, la même sublime leçon d'acceptation.

Je l'ai reçue ici, cette leçon précieuse, de mille manières, un peu à toutes les heures du jour et de la nuit. Désireux de féconder pour mon âme des contemplations qui auraient pu ne m'apporter qu'un stérile plaisir, je la cherchais, je l'exigeais de ce paysage. Rarement je sus, en l'admirant, me désintéresser de moi-même. De ses bois et de ses rochers, de ses fécondités et de ses ruines, un double discours se levait, l'un pour les habitants de cette vallée, le second pour moi. M'excusera-t-on d'évoquer encore en un bref tableau l'une des multiples circonstances où j'entendis, bien que dans une tonalité différente, le même psaume, le même divin cantique de résignation ?

*
* *

Un matin de l'hiver dernier, vers cinq heures, je quittais Saint-Dalmas, appelé à Rimplas pour un enterrement. La neige était tombée pendant la nuit, en sorte que nulle « foulée » n'étant faite, j'avais le plaisir d'avancer dans la blancheur immaculée d'une route vierge. La lune éclairait encore, mais d'un éclat terne, fatigué, et, vers l'est, une lueur d'aurore dénonçait l'approche du jour. J'avançais lentement, ne percevant que le bruit léger de la neige labourée par mes jambes, m'intéressant au duel discret de ces deux lumières, celle de la lune qui s'évanouissait, devenait de moins en moins discernable, tandis que l'autre clarté s'affirmait, donnant comme un reflet plus froid à la neige, et dissipant insensiblement l'espèce d'imprécis mystère que tout à l'heure encore versait sur les blancheurs du paysage l'éclairage lunaire. Bientôt un peu de rose parut sur les montagnes, vers la Tinée; deux ou trois nuages légers se teintèrent; la lune montra quelque temps encore sa face de plus en plus blafarde. Puis ce fut le jour, l'épanouissement radieux de la lumière.

Et c'est alors que j'expérimentai une fois de plus l'utilité de savoir faire parler aux choses précisément le langage dont on a besoin. Car en arrivant sur l'esplanade qui précède Rimplas, les jambes mouillées malgré des molletières et le corps en sueur, je demeurai brusquement saisi en face d'une splendeur incomparable. C'était, là-bas, du côté de la mer, un bouillonnement de vapeurs laiteuses, roses, dorées, que les rayons du soleil levant magnifiaient, une apothéose de lumière, toute la gloire de la Côte d'Azur s'épanouissant dans l'atmosphère pure du matin, et s'offrant à la montagne, eût-on dit, pour être admirée.

Moi, je l'enviais surtout. Un frisson d'animale convoitise me secouait tout, devant ce bien-être offert là, le désir éperdu d'un petit pauvre devant des friandises, et en outre comme une révolte contre l'odieux malaise physique résultant de cette marche à travers la neige. Là-bas, c'est le soleil, la chaleur... qu'il doit y faire bon ! Heureusement la terre blanche est là pour m'instruire. De sa désolation présente elle tire profit, et son ensevelissement périodique est la condition de sa fécondité. Le mouvement des saisons qui l'oblige à se recueillir sous la neige, c'est pour elle une loi précieuse. Comment refuserais-je d'accueillir cette expressive leçon de renoncement ?

Deux ou trois heures plus tard, refaisant en sens inverse le même chemin et mon humeur dissipée, je reprenais avec une douceur infinie ces pensées. Sous son linceul monotone, la terre travaille à se vêtir d'or.

En elle, le sourd travail des graines s'accomplit, de merveilleuses transformations s'opèrent. Pour un curé de montagne, quel enseignement de faire servir à son perfectionnement spirituel sa solitude, les conditions de vie que son ministère lui impose. L'exemple de la terre le convainc que non seulement là réside pour lui le devoir, mais encore l'utilité et même, s'il a de l'imagination, le plaisir. Et comme d'ailleurs le sol n'est pas lui-même l'objet de ses fertilités, puisque ses moissons lui seront ravies, un prêtre sait bien pareillement qu'il n'est que l'ouvrier d'une œuvre qui le dépasse. Cette considération, en l'inclinant à se considérer, non pas certes comme un manœuvre, mais comme un ouvrier, l'humilie assez pour l'empêcher de prendre une vue exagérée des sacrifices qu'on lui demande, et d'autre part lui laisse suffisamment de dignité pour qu'il veuille remplir sa tâche avec élégance et se faire de ses renoncements mêmes un plaisir. Le plus humble des artisans, fût-ce de sa part présomption, s'ennoblit à vouloir devenir artiste.

*
* *

Pour accepter les conditions de vie que Dieu et les hommes lui font, un prêtre a des motifs surnaturels auprès desquels sembleront puérils tous ces caprices d'imagination. Peut-être aurait-il tort cependant s'il négligeait de prêter l'oreille aux leçons des choses. Qui oserait se flatter d'être toujours docile à la grâce? Si le soleil manque, on sera heureux d'avoir des chandelles. L'essentiel c'est de marcher droit.

XIV

A PROPOS D'UNE PREMIÈRE MESSE

> « Un prêtre ! il n'en faut qu'un,
> çà et là, pour tout maintenir. »
> Louis Veuillot.

Ce mot me semble résumer assez bien une part des pensées que propose la vue d'un débutant à l'autel. Quoique lui-même vaille intellectuellement, moralement, l'homme que le sacerdoce revêt, tire de son rôle une dignité dont la méditation le renseigne sur les secrets de sa force. N'eût-il pas pour suprême raison d'espérer la divine promesse : « Je suis avec vous

jusqu'à la fin du temps », il en trouverait
de suffisantes à se dire qu'il est un main-
teneur de la beauté des âmes. Le goût de
noblesse, l'obscur désir de pouvoir s'es-
timer elle-même que garde, au milieu de
ses pires écarts, la conscience humaine,
assurent le prêtre qu'auprès d'elle il réus-
sira par ce qui semblerait, à première vue,
propre à le faire échouer. C'est par les
côtés de sa mission les plus capables de les
rebuter que les hommes s'attachent à lui
le plus fortement.

*
* *

Sont-ils nombreux encore, dans le
monde, à ne distinger de cette mission que
les aspects funèbres ? Je sais, en tout cas,
que la race n'en est pas éteinte. Il y a des
gens pour qui le curé n'est qu'une façon
de croque-mort plus distingué. A le voir
franchir un seuil, ils se demandent qui est

mort là ou qui va mourir. Une odeur de cercueil leur vient de sa soutane, et quand ils le rencontrent, c'est un peu comme s'ils entendaient chanter le *Requiem*. Que tous ne descendent pas à cet effarement comique, j'en conviens. Mais il reste qu'aux yeux d'un bon nombre le prêtre est, avant tout, le héraut de la mort. C'est l'une de ses fonctions de parler d'elle. Quel gêneur, quand il vient, avec ses discours, déchirer les voiles brillants qui cachaient l'abîme, ouvrir des tombes sous des regards qui ne cherchaient que des aspects joyeux, parler de décomposition à des oreilles qui ne goûtent que les musiques exaltant la vie, forcer aux pensées graves des cerveaux encombrés des plus mesquines préoccupations !... Auprès d'une catégorie d'individus, immortelle comme la frivolité et la bêtise, il y a là, pour le prêtre, une réelle difficulté d'être accepté. Comment lui feraient-ils intérieurement bonne figure,

des gens qui, à le rencontrer, pensent :
c'est peut-être celui-là qui m'enterrera !

Auprès d'un plus grand nombre encore,
et plus profondément, sa qualité de mora-
liste le desservira. Devant prêcher, devant,
selon le mot de saint Paul, « insister à
temps et à contretemps, reprendre, me-
nacer, exhorter » et dans le temps surtout
où les hommes « ne supporteront plus la
saine doctrine et se donneront des docteurs
suivant leurs convoitises », il est clair qu'un
prêtre doit s'attendre à mille protestations
de la part des cœurs et des sens cabrés
contre son langage. Même quand il se
taira, il suffira souvent de sa présence
pour réveiller, avec le souvenir de sa parole, toutes les secrètes fureurs que cette
parole alluma. Il est une réprimande vivante. Quand il se montre, c'est la morale
chrétienne qui s'exprime aux oreilles de
quiconque s'est endurci à la méconnaître.
Il est comme une conscience extérieure qui

parle encore après que la conscience intérieure est morte. Qui nous délivrera de ce trouble-paix ? Comment retrouver le sommeil dont il nous tire ? Comme je le comprends bien, ce mot qu'un jour, à la dérobée, je saisis : « S'il n'y avait pas de curé, nous serions bien plus tranquilles. » Oui, certes, et l'on pourrait trouver, de cette tranquillité, un idéal. Vautré dans les boues de sa loge, un pourceau est tranquille merveilleusement jusqu'au matin d'automne où l'on dérangera, pour le saigner, sa tranquillité. J'avoue que ma comparaison manque de poésie. Mais vous reconnaîtrez qu'elle ne répond pas mal à l'état de conscience que dénote le mot dont je m'occupe. Par un tel mot, une âme se met nue sous nos yeux. Elle permet que l'on mesure jusqu'où l'ordure lui monte.

Tout de même, c'est un soulagement de se dire qu'une telle tranquillité aura tôt ou tard un réveil. Et au surplus, si trop d'égarés la souhaitent, l'humanité, dans son ensemble, garde assez de noblesse de cœur pour distinguer vers quels bas-fonds elle roulerait, si nulle indication des hauteurs ne la secourait. D'autre part l'idée de la mort, si peu plaisante mais qu'on n'évite pas, s'accompagne d'une angoisse cachée qui poussera toujours vers le prêtre une portion des hommes. Ainsi des causes d'échec lui deviennent des motifs de succès. Annonciateur du tombeau, censeur austère des mœurs, l'impopularité le guettait. Les notions d'au-delà avec lesquelles il pacifie les intelligences et les directions morales qu'il propose aux cœurs le constituent, pour son honneur et pour sa force, un spécialiste de la culture des âmes, et l'ouvrier du plus haut progrès.

A une époque où les « conquêtes de la science » déchaînent l'universel enthousiasme, peut-être le sectarisme antireligieux, pour nous discréditer devant l'opinion, n'a-t-il rien inventé de plus perfide que de nous faire passer pour les adversaires du progrès. Certes. j'approuve que pour neutraliser cette malfaisante plaisanterie l'on cite au peuple des noms d'ecclésiastiques inventeurs ou des membres de l'Institut qui sont en même temps d'incontestables catholiques et des savants hors pair. Il semble bien. toutefois, que du corps sacerdotal le monde attende autre chose et mieux qu'une collaboration à l'accroissement de ses commodités. L'utilité propre du prêtre se tire d'un autre ordre. Qu'il renseigne l'homme sur sa nature, sur sa destinée, sur la vie. Qu'il lui fournisse, avec une solution claire et autorisée des problèmes fondamentaux. un système de devoirs qui ait une base. Voilà sa fonction, son poste où nul ne peut efficacement le suppléer, et dont il faut s'autoriser pour faire sentir à qui la nie sa nécessité. Car l'essentiel progrès c'est celui de l'âme. En vain l'homme connaîtrait-il mille moyens nouveaux de s'alimenter, de s'enrichir, de se mouvoir : si son âme reste en friche, comme ces espaces pierreux de la montagne, rebelles à la charrue ; si les plus hauts domaines de la pensée lui demeurent fermés ; si elle se dessèche et se stérilise dans l'ignorance de sa destinée ou dans l'indifférence aux moyens de l'atteindre : si l'homme soumet ce qu'il y a de plus noble en lui à ses parties inférieures ; si, au lieu de se dégager de la matière, il s'y renfonce, alors c'est faux de dire qu'il progresse et il est évident qu'il recule.

Par sa vie sacrifiée, par sa parole exaltant les victoires de l'esprit sur la chair, par les disciplines que sa présence maintient, par la vie intérieure que son action de directeur et de confesseur nourrit dans les âmes, le prêtre est, dans le monde, le plus puissant levier de perfectionnement moral et spirituel. Par lui des foules d'âmes sont haussées vers Dieu et planent dans les préoccupations supérieures que, sans lui, la vulgarité submergerait. L'âme populaire surtout est à ce point de vue sa cliente. Car elle n'a, elle, que la religion sur quoi elle puisse compter pour la cultiver. Les travailleurs manuels, l'immense multitude de ceux qui manquent de moyens et de loisirs pour se livrer à la méditation, que font-ils quand un désir les presse de se dégager un peu du terre-à-terre, de s'épurer de la vie ? Ils vont à l'église. Elle est, comme on l'a très bien dit, « le lieu de leur vie spirituelle ». Sous ses voûtes, leur âme s'épanouit. Ils pensent, ils prient, ils se sentent meilleurs et plus hommes. Toujours sollicités par les choses qui passent, il leur est doux d'aller chercher là, dans l'atmosphère surnaturelle qui baigne à l'église toutes choses, une vision et comme un avant-goût des bonheurs qui ne passeront pas. Eh bien, représentez-vous l'église sans le prêtre. Ce n'est plus qu'un amas de pierres muettes et froides. Un artiste y pourra bien trouver quand même de quoi s'extasier. Mais elle est mutilée de ce qui faisait d'elle une maison de famille, chaude et vivante. Il y a de l'herbe sur son seuil. Son tabernacle est vide, aucune lumière ne perce plus l'obscurité de ses nuits. Nulle voix, nul soupir ne rompt son silence. C'est un sépulcre, hanté des seuls morts, où nul vestige de vie n'attire désormais les vivants. Le prêtre, après l'Eucharistie, est l'âme de l'église. C'est lui qui l'anime et la fait parler.

Et tout cela, l'âme populaire le sent, et c'est une des sources de la prise que le sacerdoce garde sur elle. J'ai entendu, à la montagne, des hommes qui avouaient : « Sans prêtre, ici, nous serions des sauvages. »

Ils auraient pu ajouter (mais c'est au fond ce qu'ils voulaient dire) : « Et nous

serions dépossédés de l'âme de nos pères. »
Car un curé, à vrai dire, n'a pas d'âge.
C'est un vieil arbre du pays dont les racines plongent dans le passé. Il était là
par ses prédécesseurs. Son action civili-
satrice, en toute région, y est contempo-
raine de l'arrivée du christianisme. Ce ne
sont pas seulement les consciences d'aujourd'hui qu'il se soumet. Il a pétri l'âme
de la race elle-même. Lui s'effaçant, toùt
l'effort de perfectionnement accompli par
cette race le long des siècles serait brisé.
Et le recul vers la barbarie commence-
rait.

Écoutez la méditation qu'à ces points
de vue un prêtre peut faire en arrivant
dans sa paroisse. Peut-être lui voit-il des
traits hostiles. Le sentiment trop exclusif
des difficultés qui l'attendent l'assombrit.
Mais, faisant réaction, il pense : « Pourquoi craindrais-je, et n'ai-je pas tort d'user
mon énergie à m'aguerrir contre le dédain

ou la haine? Je ne suis pas, pour cette population, un étranger ni un inconnu. Depuis des siècles je collabore à la noblesse de son âme. Je l'ai façonnée comme une œuvre d'art, selon le plus haut idéal, et en même temps je veillais à la préserver. Comme le mortier qu'un maçon met aux pierres des vieilles murailles les empêche de se déliter, ainsi mon action séculaire a réparé les ravages que subissait des circonstances et des idées l'âme de ce peuple. Les vieillards d'ici et les pères les plus reculés des vieillards ont grandi sous ma tutelle. Je viens maintenir leurs enfants au degré de culture morale et spirituelle où je les haussai. Et puisque de tout ce que je leur apporte, de tout ce qu'ils attendent de moi, le Christ est le principe, la fin et le résumé, puisque c'est, au fond, de Lui seul que je viens parler, en Lui que je viens faire espérer, Lui que je veux qu'ils aiment, je tâcherai qu'ils sentent

ma présence comme le battement du cœur
de Jésus-Christ au milieu d'eux. Et si rien
de leur part n'y répond, si je les trouve
tièdes ou glacés, comme la lampe allumée
la nuit dans le sanctuaire semble être là
pour protester contre la froideur des
pierres et brille d'autant plus que les ténèbres, autour d'elle, sont plus épaisses,
ainsi je poserai parmi eux mon âme comme
un appel vers leurs âmes et comme
une prière vers Dieu, afin qu'Il ait de l'indulgence aux défaillances de leur amour
en considération des surabondances du
mien. »

*
* *

Quelque chose d'essentiel eût manqué
à ce petit livre, qui paraîtra d'ailleurs im-
parfait par tant d'autres points, si l'on
n'eût pas tâché d'y mettre en lumière
toute la fécondité du rôle que joue le curé

au village. et les raisons de la prédominance qu'il y garde, en dépit souvent des pires vexations. Aussi me suis-je félicité qu'une première messe, chantée dans notre vieille église par un jeune prêtre de Saint-Dalmas, me fournît l'occasion d'exprimer ces choses ! N'est-ce pas au surplus, pour ce pays, un motif d'espoir? La vocation sacerdotale n'est pas une plante à fleurir indifféremment sur tous les terrains. Son épanouissement quelque part dénonce que là gisaient des énergies surnaturelles dont elle est la poussée, la délégation. Que Saint-Dalmas, ce petit village, ait la puissance de produire des prêtres, voilà qui me rassure sur ses chances d'avenir beaucoup mieux que ne feraient les moissons les plus opulentes ou l'état civil le plus florissant.

Et d'autre part, ce chapitre lui-même eût été par trop incomplet si, parlant de l'action sacerdotale, j'eusse négligé d'en indiquer, même brièvement, le ressort divin. Beaucoup plus que dans le calcul de ses chances, c'est dans l'amour qu'un prêtre puise son courage de persévérer. La fierté même qu'installe en lui l'examen de sa haute mission lui serait souvent, au contact des circonstances, d'un pauvre secours si, dans son cœur, la place essentielle n'était pas donnée à Dieu et aux âmes.

XV

DANS LE BOIS-NOIR

Un jour, à Saint-Dalmas, longeant le cimetière, et venant à jeter les yeux par-dessus le mur, je vis tout à coup le fossoyeur sauter hors du trou qu'il creusait et le recombler précipitamment. Comme, surpris, je l'interrogeais : « La caisse n'est pas consumée », me dit-il. En effet sa pioche avait défoncé un cercueil trop récent où j'entrevis, durant une minute, un mélange noirâtre. Et le pauvre homme, redoutant sans doute qu'on ne l'accusât, se hâtait de réparer sa bévue.

Pourquoi me revient-elle à l'esprit, cette

insignifiante anecdote, tandis que j'escalade les flancs du Kair-Gros, sous l'ombre verte des hauts sapins ? Serait-ce que les racines émergeant du sol et sur lesquelles à tout instant mon pied glisse, figurent à mon imagination les ossements incrustés dans l'humus des cimetières ? Ou simplement est-ce l'aspect sombre de cette forêt qui m'incline aux visions funèbres ?...

Quoi qu'il en soit, je réalise ce soir l'un de mes rêves : errer seul, une après-midi tout entière, dans le Bois-Noir, et moins pour l'explorer que pour éprouver des impressions de son recueillement et de son silence, pour m'initier aux révélations de son grand mystère. C'est de lui, c'est de l'immense deuil qu'il déploie au flanc de la montagne que le Val de Blore tire sa splendeur et il constitue en même temps l'une de ses richesses les plus appréciables. Ici, durant les longs hivers, le feu ne manque jamais, grâce à lui, et maintes fois, parcourant la vallée, je le remerciai du repos que trouvaient à errer sur ses pentes mes yeux éblouis par la neige. En été, c'est le paradis des touristes. Une traversée du Bois-Noir par la sente doucement inclinée que les Eaux et Forêts ont tracée des Colmianes au col de Serena est inscrite au programme de la plupart des estivants de la Bolline et de Saint-Martin. Je l'ai faite souvent, cette promenade, un peu en toute saison, sauf l'hiver, voire même, une fois, passé huit heures du soir, sous un merveilleux clair de lune dont la vision m'est restée dans les yeux comme un enchantement.

Mais pour me satisfaire pleinement cela manquait trop d'imprévu, cette flânerie à but arrêté, par des sentiers vingt fois parcourus. Je rêvais d'autre chose, d'un vagabondage au hasard à travers les futaies obscures, sans souci des chemins battus ni projet d'aboutir nulle part. Voilà la fantaisie qui me jette en plein bois, par cette journée de septembre douce et triste, sous un ciel voilé qui rend plus saisissants le silence et la paix des choses. J'ai d'abord traversé des prairies dont le gazon fin, encadré par de jeunes mélèzes, évoquait les pelouses d'un parc. Puis un sentier facile m'a porté assez haut sur les pentes. Soudain l'ombre s'est faite plus sombre et plus fraîche, le silence a semblé plus profond, les sapins ont grandi : c'est le Bois-Noir.

Dédaignant dès lors tout sentier, j'ai commencé de grimper à pic, sentant à mesure que je m'élevais la demi-obscurité s'épaissir, les mousses devenir plus moelleuses et la fraîcheur du bois plus pénétrante. Et il y a maintenant près d'une heure que je m'égare ainsi en tous sens, mais montant toujours, malgré la difficulté de plus en plus grande parmi ces broussailles et ces buis géants. Parfois je rencontre un sentier qui fuit vers des lointains obscurs, et mon isolement semble accru. Ou bien c'est une « coulée » dont l'éclaircie soudaine me laisse entrevoir au passage la montagne d'en face ou même très loin, dans les profondeurs, le Val de Blore avec ses champs et ses villages. Puis c'est de nouveau l'ombre et le fouillis du sous-bois inviolé. J'avance péniblement, mes pieds s'enfonçant dans ce sol qui n'est qu'un enchevêtrement de racines et de brindilles soudées par les mousses, m'aidant de ma canne pour me hisser ou me retenir lorsque la pente se fait trop raide. Des écureuils dérangés grimpent aux troncs. s'égarent dans les branches. Une senteur puissante me pénètre. Et tel est devenu à la longue mon dépaysement que je demeure soudain stupéfait, m'étant agenouillé sur la mousse pour cueillir des fraises, de percevoir le tintement affaibli d'une cloche, la cloche de la Bolline

qui, dans le lointain de la vallée, sonne
cinq heures.

Surpris qu'il ne soit pas plus tard, tant
ces demi-ténèbres m'avaient à la longue
donné l'impression de la nuit tombante, je
reprends ma promenade sans toutefois
m'élever désormais beaucoup, me conten-
tant de couper droit dans la direction de
Saint-Dalmas, à travers le bois. Et voilà
que son aspect change. Un sol plus dur et
feutré d'aiguilles succède aux épaisses
mousses de tout à l'heure. Les buis et les
broussailles deviennent rares, puis dispa-
raissent bientôt complètement. Le sous-
bois se dégage, prend de l'ampleur. Plus
rien, maintenant, que les troncs serrés des
sapins, montant là-haut vers la voûte
obscure. Et cette voûte, elle paraît plus
haute. La forêt a pris tout à coup comme
une majesté religieuse, je ne sais quel
aspect grandiose et sacré. J'ai enfin l'impression d'être en plein mystère, en un lieu

étrange et perdu. Si ce bois romantique a des fées, c'est ici qu'elles doivent s'assembler. C'est ici qu'il faut m'arrêter si je veux écouter battre son cœur, pénétrer son secret.

Renonçant à prolonger un effort qui n'est rien moins que propice au rêve, je m'assieds sur une racine, et je demeure là longuement, insoucieux de l'heure, le regard perdu sous la futaie sombre, ne percevant que de furtifs bruissements dans les branches et cette imprécise rumeur qu'exhalent, à toute heure du jour et de la nuit, les forêts profondes. Avec bonheur je me laisse glisser sur cette pente de réflexion, à la fois rêverie et pensée, qui m'est devenue ici familière et qui me fait demander sans cesse à la nature des conseils pour les âmes. Des images lentement précisées m'initient au langage profond des forêts. Le Bois-Noir me parle. Si cette montagne possède la puissance de le nourrir toujours, n'est-ce pas qu'elle-même s'engraisse des résidus que la forêt chaque année lui rend ? C'est une constatation qui s'impose en ces hautes régions si difficilement exploitables, et où ce qui se perd de bois est inconcevable. Est-ce exact de dire qu'il se perd, et la forêt morte, au contraire, n'atteint-elle pas ainsi sa vraie destinée qui est de préparer des sèves aux arbres vivants ?

« Les forêts futures se balancent imperceptiblement aux forêts vivantes », dit quelque part Maurice de Guérin. Je distingue, ce soir, comment il faudrait compléter cette noble phrase. C'est dans la décomposition féconde des forêts mortes que les forêts vivantes à leur tour puisent l'énergie de se perpétuer. Quelle lumière soudaine, éclatante, sur la continuité des générations humaines, sur la nécessité de la tradition qui les lie !

Cette tradition, c'est plus que la communauté des pensées, plus même que la communauté des vouloirs et dés sentiments, c'est une même vie tour à tour puisée et transmise. C'est le présent bâtissant l'avenir avec les matériaux du passé. Qu'importe si l'ordre de ces matériaux change un peu ? Ce que nous nommons le « Progrès » est-il autre chose qu'une série d'insignifiantes modifications dans la figure de l'édifice ? En dépit des bouleversements que nous admirons dans les conditions extérieures de la vie humaine, il est évident que cette vie elle-même, en son fond, reste la même qu'il y a cinq cents ans, par exemple, je veux dire, soumise aux mêmes nécessités essentielles, agitée par les mêmes passions, tourmentée de la même souffrance, palpitante des mêmes désirs et des mêmes espoirs. Car le fond humain ne change pas. Ce qui fut bon pour l'âme autrefois ne saurait lui nuire de nos jours, et rien ne serait d'autre part

plus chimérique et plus dangereux que
de prétendre lui faire pour l'avenir une
nourriture de ce qui l'eût jadis empoi-
sonnée. De là naît la dignité sublime des
tombeaux. Une race qui les reconnaît pour
ses maîtres assure son perfectionnement
et fonde sa durée. Progresser, c'est maintenir et c'est continuer.

Tandis que cette leçon chantait pour
moi sous le bois obscur, j'ai commencé
de redescendre les pentes. Une clairière
s'ouvre brusquement d'où j'embrasse l'immense déploiement des futaies agitées par
la brise du soir. Cette merveilleuse forêt,
mon regard, il y a des siècles, l'eût trou-
vée pareille. Et le secret de son éternelle
jeunesse, c'est qu'elle accepte, pour s'en
vivifier, la richesse des troncs morts que
son sol pourrit. N'y a-t-il pas là pour
l'humanité tout entière, mais plus spécialement pour les habitants de cette vallée
que tant de reniements sollicitent, une

indication, des conseils qu'ils doivent entendre ? Un jour. sous l'influence de la Balme violente. je me souviens de les avoir excités à la résistance. Aujourd'hui, c'est une leçon d'acceptation que le Bois-Noir leur propose. une soumission à des hérédités qui les commandent. Il n'y a pas de contradiction entre ces deux paroles que leur dit un même paysage. Car si la résistance à des influences étrangères et déracinantes est pour eux une condition de vivre, l'acceptation des sentiments, des pensées, de la vie enfin qu'ils héritèrent de leurs aïeux en est une autre. Soumission, réaction, en ces deux mots réside pour eux toute la sagesse. Je les médite pour les leur traduire, tandis qu'un sentier lentement m'abaisse vers la plaine. Je me demande quels mots, quelles images pourraient les toucher, leur créer une âme libre et pourtant soumise. C'est d'une urgente nécessité. De l'étroit cimetière où leurs défunts dorment non moins que de cette autre nécropole qu'est le Bois-Noir, des leçons montent, pour ces montagnards, qu'ils ne mépriseraient pas sans périr.

XVI

SOIR DE TOUSSAINT

Le soir du 1ᵉʳ novembre, sitôt finies les
vêpres des Saints, quand le glas sonne et
que le prêtre en deuil s'avance entre l'autel et le catafalque pour commencer l'office
des trépassés, une émotion nous envahit.
irrésistible. tous les parfums de la tombe
nous assiègent à la fois. et notre esprit se
prête aux fortes réflexions qui lui font
voir dans la mort une préparation à la
vie.

*

* *

Placebo Domino, in regione vivorum.
Paroles magiques que chante l'officiant et

qui, tombant soudain dans le silence de l'église, donnent le ton, transposent en mineur nos pensées, et mettent les cœurs à l'unisson dans la tristesse. Après elles, rien ne subsiste de l'atmosphère joyeuse du matin ; d'invisibles mains, dirait-on, ont déployé sur l'assistance un drap mortuaire. Les morts sont les héros de l'heure. Leurs ombres se lèvent et nous frôlent. Comme ces brouillards fréquents à cette époque de l'année qui montent, légers d'abord, dans la splendeur d'une éclatante après-midi, et puis brusquement s'épaississent, cachent le soleil et noient les choses dans une buée immense, impénétrable, ainsi de ces tentures noires, semées de larmes blanches et de ces flammes vacillantes sur le catafalque, des psaumes et de la voix des cloches, des vapeurs funèbres montent, descendent, nous enveloppent. *Circumdederunt me dolores mortis.* Tristesse, mais douce ; affliction, mais non accablement désespéré. Que le vent se lève, et par les déchirures de la brume vous verrez des coins de ciel baignés de pure lumière. Pareillement, au passage d'une antienne ou d'un verset, le voile sombre s'entr'ouvre, laissant passer des lueurs divines d'espérance. Et la prière alors, encouragée, se fait plus ardemment suppliante. Imploration, angoisse, mais tempérée d'espoir : de tous ces sentiments mêlés l'âme des assistants s'imprègne, et quand éclate le *Libera*, clamé par les chantres, c'est une seule voix, la voix du peuple entier, qui leur répond. « Délivrez-moi, Seigneur, de la mort éternelle, en ce jour terrible — où la terre et les cieux trembleront — quand vous viendrez juger le siècle, — donnez-leur le repos, la lumière éternelle. » Sublime dialogue ardent, fiévreux, où les répliques se pressent comme des sanglots...

Puis c'est la visite au cimetière, d'aspect si délaissé, si désolé, que l'on serait tenté d'accuser la piété des vivants, si l'indifférence pour ainsi dire matérielle dont il témoigne ne donnait ici comme une saveur plus forte à la mort. La nudité des tombes les décore plus efficacement que les marbres somptueux. Si la prière les fleurit, qu'importe que nous puissions à peine les distinguer ! Le monument, l'incomparable mausolée qui fait la gloire de cet enclos, c'est l'église, dont l'ombre le garde, notre vieille église aux pierres délitées, chargée de siècles et pleine de sépultures. Son aspect ruineux collabore à la mélancolie qu'exhalent ces croix par terre et ces couronnes égarées. Celle de cloches vient s'y joindre. C'est leur lamentation qui à présent domine tout. Elle couvre les chants, les prières et jusqu'au bruit des sanglots sur les tombes. Dans ce concert douloureux, le paysage entier jette sa note. L'automne bat son plein. Les arbres jaunis abandonnent au vent leur parure, les feuilles avec un léger bruit glissent sur la terre. Tout est dans la nature lente agonie. préparation à la mort, encouragement à se résigner. Mais cette sympathie qu'elle nous montre est-elle sincère ?... Menteuse !... ai-je envie de lui dire, car ta résignation à mourir n'est que ta certitude de renaître plus éclatante au printemps prochain. Mais de ceux-ci, qui dorment sous ces herbes, la décomposition est sans retour.

*
* *

Pensée païenne et du reste superficielle. Car ces mots aussi revivront. Ils revivent déjà, et non seulement dans l'autre monde où seule notre foi peut les atteindre, mais dans celui-ci. Leur activité n'est pas morte. Elle persiste dans ces maisons, dans ces champs qu'ils ont tracés, dans

ces arbres qu'ils ont plantés, dans tout
ce paysage qu'ils ont aimé et animé.
Mais surtout, voudrais-je dire à la foule
entassée dans l'enclos funèbre, ils revivent
en vous qui les continuez et qui ne faites
vraiment qu'un seul être avec eux. En eux
avant votre naissance vous existiez, en
vous après leur mort ils se prolongent.
Le même courant de vie issu de Dieu les
anima et vous anime. Comme diverses
barques qui se suivraient sur un fleuve.
Ce ne sont pas les mêmes flots qui les
portent, mais c'est le même fleuve. Ou
bien encore comme divers feuillages du
même arbre. Le feuillage de cette année
n'est pas celui de l'an passé, mais l'un et
l'autre, c'est le même tronc qui les a pous-
sés, la sève qui les gonfla venait de la
même source. Et comme les feuilles tombent et pourrissent, engraissant le sol où
l'arbre puisera les sucs qui l'aideront à
reverdir, ainsi l'humanité s'effeuille dans

les tombes, et chaque génération qui s'allonge au cercueil doit transmettre à ses descendants le trésor reçu des aïeux. Mais ce trésor, c'est un ensemble de sentiments, de croyances, de traditions, de biens, c'est une façon de vivre et de penser. Et où donc pourriez-vous mieux le conserver, l'accroître, qu'ici même, dans le milieu où vos défunts l'ont amassé, soumis aux influences qui les façonnèrent? A vouloir y échapper, vous n'auriez rien à gagner et tout à perdre. On ne s'évade pas impunément du sentier tracé par les morts.

*
* *

Et que pourrions-nous souhaiter où notre bonheur soit plus sûr? Quels rêves, quels désirs nous hantent? Chimères fiévreuses, aspirations inapaisées, appels à l'impossible, souhaits d'une existence différente et d'un autre destin... arbres brillants chargés de fleurs empoisonnées, mais dont l'âcre parfum nous attire ! Que le devoir, sage fossoyeur, les abatte et puis les enterre ! Qu'ils enrichissent de leurs cadavres le sol de notre cœur que, vivants, ils épuiseraient. Voilà ce que nous dit le cimetière. Prêtons l'oreille aux doux conseils des tombes. S'il est vrai que rien ne vaut pour nous émouvoir les lieux où notre cœur s'est déjà brisé, nous tous qui avons pleuré là, nous sommes préparés à recevoir et à goûter les hautes leçons de vie qui se lèvent de la terre des morts.

XVII

UN PEINTRE DE LA MONTAGNE

A Nice, tout au fond d'une impasse qui donne sur le boulevard Gambetta, une villa modeste que précède un petit jardin assez négligé... De l'artiste qui loge ici et dont la cordialité m'accueille à l'entrée du clair atelier où ma visite le dérange, je n'attends pas sans doute le même plaisir que la plupart des amateurs qui viennent lui commander quelqu'un de ces tableaux militaires où il campe avec tant de relief les alertes figures de nos alpins. C'est la montagne toute seule qui m'attire, et je subis, dès le premier regard, ses puissances, je la sens qui m'enveloppe et m'imprègne. Entre ces murailles tapissées de toiles et d'esquisses, parmi tous ces chevalets et ce désordre, mille impressions se ravivent en moi, tout un passé renaît et m'émeut. Ce lieu étroit m'est un refuge, un sanctuaire de paix et de bon conseil. J'aime y venir de temps à autre, pour m'épurer de dégoûts trop violents, ou simplement lorsque m'envahit à l'excès la nostalgie de cette montagne brusquement quittée. J'y trouve comme une collaboration à de chers souvenirs. Laissant le peintre à son travail, je m'installe, je fouille des cartons. Tandis que défilent sous mes yeux, dans la clarté qui tombe à flots de la baie vitrée, ces paysages dont plusieurs me furent si délicieusement familiers, des visions aimées ressuscitent, et ce pèlerinage me restitue, mieux que tout un été d'alpinisme, et avec plus de commodité, le pénétrant parfum des altitudes.

Comment pourrais-je vous rendre sensible la volupté de ce vagabondage par les yeux, l'émotion qui naît pour un montagnard de ce contact retrouvé avec des décors qui l'enchantèrent, avec une atmosphère dont il s'enivra ?... Oui, c'est cela, c'est une atmosphère qu'autour de nous ces peintures épandent, une qualité spéciale de poésie qui s'imposait là-haut à nos sens autant qu'à notre âme et que notre imagination respire avec bonheur de cette évocation hâtive.

Elles sont fort nombreuses, en effet, les études de Pierre Comba, où s'ébaucha, pour ainsi parler, sa vision, et qu'il conserve, vierges de tout personnage et de toute retouche, moins par caprice de collectionneur que par une sorte de piété reconnaissante envers les paysages qui l'inspirèrent. Elles composent toute une galerie que l'artiste voudra, je l'espère, montrer quelque jour au public, pour sa gloire et pour le plaisir des gens de goût, qui cherchent surtout dans les œuvres d'art une invite au rêve. N'est-ce pas la plus sûre manière de goûter profondément l'art? Il me paraît bien, en tout cas, que ce soit la meilleure de le comprendre si l'on veut rendre aux artistes une justice plus haute que celle qui consiste à leur reconnaître des qualités d'exécution d'ailleurs assez difficilement appréciables. Que valent techniquement ces aquarelles où mes yeux s'attardent? De plus connaisseurs que moi pourraient le dire, Mais je sais qu'elles me parlent, qu'elles font surgir du fond de moi-même un flot de souvenirs et de sensations dont la puissance dépasse de loin le plat contentement éprouvé d'une exactitude toute superficielle. Pierre Comba, certes, est un réaliste, mais chez lui la science du détail ne va jamais jusqu'à détruire autour des réalités évoquées tout mystère, et c'est par

là surtout qu'à mes yeux il vaut. Il laisse
aux aspects de montagne où sa fantaisie
nous promène cette poésie secrète et profonde, ce langage, cette âme en un mot, où
gît l'essentiel de leur charme et de leur
beauté. Et de là naît, sans doute, mon
saisissement devant la plus mesquine, en
apparence, de ces peintures.

C'est un simple coin de sentier, par
exemple, parmi des entassements de rochers surplombant des abîmes. Mais le
vertige du vide affreux que ce sentier cô-
toie passe en moi, je me sens comme sus-
pendu sur un précipice et il me semble
que j'entendrais, en prêtant l'oreille, des
grondements de torrent au fond du ravin.
C'est un coin vert d'une haute prairie, sans
nulle silhouette vivante qui l'anime ; ou
bien c'est l'isolement, en pleine montagne,
d'une grange déserte... Mais tout autour
j'écoute le silence, et de maigres brouillards, laissant transparaître par leurs dé-

chirures les aspects sombres des bois mouillés, mettent sur l'ensemble toute la mélancolie indéfinissable et poignante des soirées brumeuses. C'est une simple maison délaissée, avec son perron que l'herbe envahit. Il y a longtemps que nul pied humain ne les foule plus, les pauvres marches verdoyantes, et la petite cour elle-même, devenue prairie, accuse un abandon contre lequel proteste l'efflorescence des plantes folles issues d'une terre qui voudrait produire autre chose. Et toute la plainte de la montagne désertée s'exhale à travers ce tableau de désolation. A côté de cela des riens exquis, une source entourée d'une oasis dont le vert s'exalte par contraste avec des dénudations avoisinantes; un pin tordu par le vent, seul au milieu d'un espace désert, et si évocateur d'air pur, d'altitude, qu'il fait se dilater ma poitrine. Puis des ensembles plus larges et plus éclatants, des chaînes rocheuses dont le soleil couchant diamante les crêtes tandis que leurs bases déjà plongent dans l'ombre, toute la féerie splendide des soirs violets, tout l'éclat des midis fulgurants et lourds sous un ciel trop bleu, bref un trésor de paysages qui respirent et qui nous émeuvent parce que l'artiste y a su fixer un peu de cette réalité subtile que sentent si bien tous les alpinistes, mais qu'il serait si impossible de définir : l'âme de la montagne.

L'âme de la montagne ! Influence, poésie, musique, ou plus exactement parfum que là-haut la nature sécrète, qui sort pour une imagination préparée de ses aspects les plus différents, des bois sombres où le vent gémit, des brouillards, des rochers, des neiges et des anciens villages aux maisons noircies non moins que des chaos inhabités. Parfum qu'un rien nous apporte, musique qui chante en nous soudainement, sensation qui est à la montagne comme permanente, mais qui, si nous nous exilons de ce milieu, ne nous touche plus que passagèrement. Cette âme de la montagne, dans le Val de Blore tout m'en imprégnait. A présent, dépaysé de l'atmosphère spéciale de là-haut, il me faut beaucoup de soins pour la ressaisir. Encore ne se laisse-t-elle posséder que d'une manière fugitive. par des bouffées profondes, mais intermittentes. Quel bonheur, si un artiste, l'ayant captée et comme concentrée dans ses toiles, parvient à me la rendre sensible, la met à ma portée à toute heure !... C'est l'essentiel mérite de Pierre Comba. Sans efforts, sans effets violents, par la seule poésie des objets sentie et rendue, il nous restitue la montagne. Un petit tour à son atelier vaut cent excursions. Que parlais-je tout à l'heure de souvenirs ? C'est bien moins et bien mieux que son art nous rend. Ce sont les impressions les plus subtiles et les plus furtives, celles qui touchèrent

l'âme une heure, une minute, et puis s'éva-
nouirent. malgré tout le travail de l'imagination pour les retenir.

Ces petits bonheurs, mon vieux village
de Saint-Dalmas m'en procurait souvent.
Je me souviens d'une sensation bizarre
d'intimité, d'une senteur locale qui m'as-
saillait parfois les soirs de pluie. parmi
l'animation des rues étroites où les gens se
hâtaient. Il y a des heures où je réussis à
sentir presque comme une caresse physique la douceur triste, le recueillement de
certaines après-midi d'automne où, errant
à travers les champs, je faisais halte pour
percevoir l'obscur bruissement de cette
campagne laborieuse ; j'ai dans l'oreille
son silence coupé par les appels des montagnards, par des tintements de clochettes
et le grincement des houes enfoncées...
Pierre Comba me rend ces minutes. Il
n'est jamais d'ailleurs plus heureux que
lorsque c'est dans Saint-Dalmas même ou

dans ses environs qu'il poursuit l'âme de la montagne. Il connaît ce village à fond, tous ses aspects curieux, tous ses coins, j'oserais presque dire toutes ses portes et tous ses balcons. Non seulement il le connaît, mais il l'aime. Aussi lui a-t-il fait une large place dans son œuvre. Je n'ai pas besoin d'un long regard pour reconnaître ces pignons, ces toits aux bords déchiquetés qui suspendent sur les passants la perpétuelle menace de leurs ardoises prêtes à choir, ces ruelles voûtées où va résonner, dirait-on, le pas d'une ménagère vers la fontaine, tout cet ensemble si suggestif, si riche de l'éloquence des vieilles pierres, d'une atmosphère locale émanant de ces aquarelles.

Il en est une surtout qui m'enchante : une vue de Saint-Dalmas sous la neige. C'est le soir. Au-dessus du village les nuages dégonflés se relèvent, laissant entrevoir des pans de la forêt poudrée. Un homme, une femme et un enfant, qui rentrent de la grange, se dirigent vers l'étroit portail en ogive, laissant un chapelet de pas derrière eux. Le plus étrange mystère baigne la scène entière. C'est un poème de silence et de solitude : silence qui me pénétrait jusqu'à l'âme, solitude pour moi plus peuplée que ne le sera jamais aucune ville. Je n'en finirais plus d'exprimer tout ce qu'en moi cette œuvre déclanche. Cette blancheur glacée, ce recueillement autour d'un sombre village isolé, c'est la vraie montagne, celle que ne méconnaissent pas ceux-là seuls qui lui donnèrent un hiver au moins. Oserais-je même dire qu'à mes yeux c'est la seule à peu près qui compte ? Sa magie ne se fait sentir qu'à la longue et si l'on y vit. Mais les émotions qu'elle procure sont ineffaçables, et je me félicite vraiment qu'un artiste comme Pierre Comba soit d'accord avec moi pour le certifier.

*
* *

Parmi les aquarelles de Comba j'en ai trouvé plus d'une faisant voir quelque coin de la Côte d'Azur. J'y admire la somptuosité, la richesse de couleur et de lumière qui fait la gloire incomparable de cette région. Mais il en est de ces tableaux comme des paysages qu'ils me montrent : ils enchantent mes yeux, ils sont muets pour mon âme. En outre qu'il me fallut toujours beaucoup de volonté, un long effort de recueillement pour prendre conscience des sensations qu'éveille en moi la vision des choses et que jusqu'à présent j'ai manqué de loisirs pour me prêter à l'influence de ces beaux rivages, je crains que cette région éclatante ne soit irrémédiablement impuissante à me procurer autre chose qu'un froid plaisir, un peu la qualité de jouissance qu'amasse en nous la lecture à haute voix des vers sonores qui ne disent rien, ou l'audition d'une symphonie qui n'est qu'un assemblage de sons sans pensée. Quelqu'un en éprouva-t-il jamais quelque chose de plus ? C'est ici le paradis des sens, le lieu des voluptés superficielles et d'où nulle émotion profonde ne saurait jaillir. J'entends nulle émotion de sympathie. Car si derrière ces rutilants décors nous avions l'imprudence de chercher les âmes, il y aurait de quoi nous émouvoir, sans doute ; mais ce serait courir la chance de désenchantements trop amers. Plaignez quiconque ici doit moraliser. Il risque de se rendre inapte à goûter les plaisirs qu'un regard purement artiste saura toujours tirer de cette admirable nature.

XVIII

VISION DERNIÈRE

Pour couvrir ces pages de la fin, j'ai le souvenir d'une de mes dernières promenades là-haut, quelques jours avant d'en partir. C'était au commencement d'octobre, et je crois bien qu'un peu de la fièvre que m'avait mise aux doigts le petit papier de l'Évêché m'annonçant mon changement me tenait encore. Telle avait été d'abord mon exaltation que j'avais été sur le point de prier qu'on me laissât. Mais des lancinements de névralgie dans l'épaule et une fatigue générale m'avertissaient que si peut-être je m'étais créé à la longue l'âme d'un montagnard, j'étais loin d'en posséder au physique la résistance. Du moins avais-je voulu me ménager une rencontre d'adieu, un dernier tête-à-tête avec ce paysage aimé. Que ne puis-je en retrouver, pour la faire passer dans cette page, l'émotion, toute la mélancolie profonde et si douce !

En montagne, octobre est particulièrement délicieux. C'est le mois des soleils pâlissants, des brouillards légers, des ciels couverts mais pas encore froids. La nature paraît se recueillir dans un regret furtif des magnificences dont elle se dépouille avant de se livrer nue à l'hiver. Rien n'égale alors la douceur d'errer par les prairies dépouillées ou sous les premiers ors dont se parent les bois. De la résignation s'exhale de tout. L'on songe, mais sans révolte, à la mort. Une consolation naît de l'espoir des printemps futurs. Peut-être aussi que l'on se sait gré des faciles images et des vagues rêveries que fait à cette époque surgir en nous la vue de l'agonie des choses. Le moyen de se sentir périssable dans l'instant où de si belles philosophies nous soulèvent !

Ce soir-là, pourtant, ce n'est pas de faire parler l'automne que j'étais soucieux. Une idée unique m'emplissait : J'allais partir. Et je m'étonnais de constater l'enracinement profond de mon âme à ce coin de montagne. Non d'abord que je fusse très ému, ma sécheresse de cœur, au contraire, me consternait. Un mois plus tôt j'aurais vraiment cru que cette perspective de départ me ferait souffrir davantage. Mais c'était comme la stupéfaction d'un vide s'ouvrant tout à coup sous moi. J'avais le sentiment qu'une part de moi, quelque chose d'essentiel m'allait faire défaut, qu'une intimité chère prenait fin, que tout un aspect, le plus personnel, de ma vie intérieure, s'anéantissait. Quel bouleversement ce changement pourtant attendu allait apporter dans mes habitudes de rêve ! C'était comme un coup de pied dans une fourmilière. Ici j'avais fini par me créer de toutes parts des amitiés. La forêt, la plaine, le silence, le vent, les nuages et jusqu'aux nuances de la lumière selon les saisons et selon les heures, tout me parlait, m'était source d'exaltations. Surtout j'adorais mon village, son intimité, le parfum si particulier de ses rues étroites et de ses vieilles pierres. Que d'heures oubliées à regarder fumer ses toits, durant les beaux soirs ! Rien que d'y flâner me faisait heureux. Pourrais-je désormais m'en passer ? Quels efforts pour essayer de me recréer, quelque part ailleurs, une telle monotonie d'habitudes, pour m'entraîner à percevoir d'un autre paysage de pareilles musiques...

J'en sentais comme la lassitude à l'avance, en cette après-midi d'octobre, où ma promenade m'avait conduit sur le plus haut des trois sentiers qui de Saint-

Dalmas mènent au Kair-Gros. Le ciel très bas mettait du recueillement sur la vallée où les cultivateurs travaillaient. J'entendais monter jusqu'à moi leurs appels et le bruit de la terre remuée. Des cris d'enfants gardant leurs troupeaux dans le Bois-Noir retentissaient, se prolongeaient avec des sonorités de cathédrale. Un jeune homme sifflait je ne sais plus quelle rengaine de bal. Et voilà qu'à l'orée de la forêt une voix de femme se mit à chanter. Oh ! son chant, je le connaissais : c'étaient les Litanies de la sainte Vierge, sur l'un de ces airs doucement berceurs et mélancoliques que les montagnards affectionnent. Mais telle était ma disposition et la tristesse de ce ciel voilé qu'elle me semblait, cette pauvre voix de paysanne, douloureuse et poignante comme si elle eût gémi une complainte.

Il semblait que ce paysage eût pris de l'âme, fût devenu peu à peu quelqu'un avec qui je pouvais causer. Et de l'ironie, bizarrement, se mêlait à des effusions de vraie piété dans l'espèce d'invocation qu'obscurément je lui adressais. O campagne désolée, lui disais-je, pour m'aider à chasser les fantômes dont me persécuta toujours une imagination trop ingénieuse à me confectionner des univers au rebours des circonstances, je résolus de t'aimer. Tu m'en récompensas dès l'abord en me donnant, parmi des exaltations magnifiques et d'accord avec ma conscience qui me disait de me résigner, les plus précis conseils d'acceptation. Indulgente même à ma fantaisie la moins excusable, tu pris pour me parler l'accent que je goûte entre tous, et c'est par la voix de tes ruines, et de tes désolations, de tout ce qui signifie ou évoque la mort, que tu sus de préférence m'attendrir. Pourquoi un jour n'essayerais-je pas, en retour des services que tu m'as rendus, d'exprimer ta plainte, le cri de douleur qui s'exhale de tes fécondités méconnues et de tes foyers désertés? Car tu veux vivre, terre sainte, gardienne des morts. Ton aptitude à nourrir les corps et à former les âmes n'est pas épuisée. Elle s'impose à moi en cette journée si recueillie et silencieuse. Elle me convainc de placer ton âge d'or dans ton avenir. De tes sillons fraîchement remués, de tes clochers où par intervalles l'heure sonne, de tout ce qui concourt à l'atmosphère de labeur et de paix qui ce soir t'enveloppe sous un ciel couvert, un appel s'élève qui semble en même temps une protestation contre les délaissements dont tu souffres et un chant d'espoir. Oui, ce serait une belle œuvre de le traduire, et l'utile complément de ces pages où je n'ai voulu qu'exploiter pour moi principalement ta poésie. S'il arriva peut-être que je m'excitai un peu facticement sur quelques-unes de tes beautés, ce ne fut point de ma part prétention à te savourer d'une manière unique, mais sagesse. A ton sujet, solitude aimée, mon cœur ne pouvait pas balancer. Si tu ne m'avais enchanté, je me serais mal défendu de te haïr. Et il fallait que tu me fusses une terre d'ivresse ou d'ennui mortel.

*
* *

Sur le sentier cependant des vaches arrivaient, conduites par un petit garçon, puis d'autres encore, tous les troupeaux rentrant du bois à l'approche du soir. C'était toujours entre moi et les enfants s'avançant derrière le même échange de paroles gentilles. Et ce que n'avaient pu faire toutes mes réflexions, peu à peu le gracieux salut des petits bergers en venait à bout. Quelque chose naissait en moi d'infiniment doux, où plus rien de voulu n'avait part, une émotion simple et sincère, un besoin de les embrasser et de

pleurer, lorsque l'un deux passa surtout,
un de mes petits enfants de chœur qui
s'était fait retenir la veille pour me servir
ma dernière messe. Ah ! mon erreur de
croire que c'est ici le paysage spécialement
qui me tient à l'âme ! Il ne fut pour moi
qu'un bel orgue que mon imagination
seule animait. C'est eux que j'aime, ces
braves gens qui durant près de trois années m'ont choyé à l'envi presque comme
un fils, en même temps qu'ils me considé-
raient comme leur père. L'on est jeté par
Dieu dans une paroisse perdue dont on
ignore tout, les mœurs, l'histoire, le tempérament, quelquefois la langue. L'on y
vit d'une façon plus ou moins détachée,
prêchant, catéchisant, baptisant ceux qui
naissent et enterrant les morts, faisant des
« œuvres » selon son zèle. L'on éprouve
quelques joies, beaucoup de peines, et il
semble parfois que si le « changement »
arrivait, il serait le bienvenu. Cependant

le cœur peu à peu s'est enraciné. l'habitude de vivre ensemble a noué des liens mystérieux et forts. une intimité s'est créée qui devient précieuse. on aime ses paroissiens plus qu'on ne croit. et quand il faut les quitter. on pleure...

De combien de curés de campagne n'est-ce pas l'aventure. simple et touchante ! Si ces dernières pages. que je ne voudrais pas publier. font sourire. j'espère que ceux-là du moins. mes confrères. comprendront le sentiment qui me dicte cette fin d'un chapitre qu'il m'eût été agréable de leur dédier, si je n'avais craint que leur délicatesse ne prît comme une leçon ce qui n'eût été. de la part de l'un des plus jeunes et des moins expérimentés parmi eux. qu'un témoignage de vénération.

1910-1912.

FIN

APPENDICE[1]

1. Cf. le chapitre III.

NOTE I

Je ne voudrais pas laisser croire que par
souci du pittoresque je repousse pour l'église
de Saint-Dalmas des réparations. C'est le cas
de répéter ici ce je dis ailleurs du village lui-
même : périsse un certain pittoresque pourvu
que ces vieux murs restent debout.

Durant trois années, étant curé de Saint-
Dalmas, j'ai insisté pour obtenir de la munici-
palité de Valdeblore un secours. L'on finit par
voter 1.000 francs. C'est le tiers à peu près de
ce qui serait nécessaire. J'espère que la muni-
cipalité le comprendra et qu'elle complétera
d'ici peu son geste généreux. Remarquez que
la fabrique de Saint-Dalmas possédait, avant
la Séparation, des biens relativement considé-
rables dont la commune a bénéficié.

Si du moins ces 1.000 francs votés on les

avait utilisés pour les réparations les plus urgentes ! Mais non, rien n'a été fait. Étant monté là-haut cet été, j'ai voulu me renseigner là-dessus, mais en vain. Depuis 1905, l'église n'a pas été touchée. Il y pleut, des taches vertes placardent les voûtes, le crépissage tombe, les murs se lézardent, chaque hiver qui passe est mortel pour elle. Comment le conseil municipal, qui n'est cependant pas sectaire, ne le voit-il pas, n'envoie-t-il pas là-haut des ouvriers ?

Mais je demande que le jour où ces réparations seront faites, l'on tâche de sauvegarder, dans la mesure du possible, l'aspect original de la vieille église et qu'on ne l'afflige point en particulier d'un toit de tuiles rouges, qui serait laid et peu résistant, alors qu'il y a des carrières d'ardoises à proximité.

NOTE II

Dans l'érudite revue *Nice historique* (nº d'octobre 1910), M. Joseph Levrot, avocat, conservateur adjoint à la bibliothèque de Nice, a consacré à l'église de Saint-Dalmas un article fort intéressant et documenté. Je m'en voudrais de ne pas reproduire ici cette étude presque entière.

« Le village de Saint-Dalmas, qui doit son nom à un saint que le martyrologe donne comme apôtre de la Lombardie et du Piémont et victime de la persécution de Valérien, forme avec ceux de la Bolline et de la Roche la commune de Valdeblore (800 habitants), située dans le bassin de la Tinée, sur un de ses affluents de gauche, le vallon de Bramafam. On y accède par une route voiturable s'embranchant à la Bollinette sur celle de Saint-Sauveur et aussi par un chemin muletier qui le relie à Saint-Martin-Vésubie.

« Par sa position et par son histoire, il représente le type d'un de ces villages des Alpes-Maritimes, remplis des souvenirs d'un passé souvent glorieux et tragique, où vivent, au pied des sommets abrupts et des forêts, de robustes paysans observateurs et volontaires.

« Les beaux siècles pour lui furent ceux du moyen âge, alors que, prieuré important de la grande abbaye bénédictine de Pedona, Borgo San Dalmazzo, il possédait intacts son monastère cloîtré et sa belle église. Celle-ci, superbe monument d'architecture romane qui rappelle tout à fait l'église du prieuré de Saint-Michel à Vintimille, a trois nefs terminées par des absides voûtées en cul-de-four. Les colonnes et leurs chapiteaux ont été malheureusement entourés de lourdes gaines de plâtre qui masquent les profils de la pierre. Le clocher quadrangulaire à pyramide est, dans sa simplicité, très élégant de proportions. Une crypte, aujourd'hui réduite au chœur et à l'abside de droite, s'étendait sous les trois absides et les premières travées et peut-être même sous tout l'édifice.

« Cette église, où l'on peut admirer un calice du quinzième siècle et une croix processionnelle ainsi que deux intéressants rétables du seizième siècle, présente encore à l'abside latérale droite des restes de fresques.

« Elles sont en très mauvais état et surtout dans une obscurité à peu près complète, l'abside ayant été masquée, vers le dix-septième siècle, par les hautes boiseries sculptées de l'autel placé devant. Il faut regarder le mur à la chandelle et ce n'est que peu à peu que l'œil découvre les différentes parties de la composition.

« Ne serait-ce qu'en raison du monument auquel elles appartiennent, ces peintures mériteraient qu'on s'y arrêtât ; mais elles ont de plus un certain intérêt artistique et, enfin, l'état précaire même dans lequel elles sont demanderait à ce qu'on les notât avant une disparition sans doute imminente. En effet l'enduit, déjà disparu en plusieurs points, est, en beaucoup d'autres, boursouflé et fendillé. Le moindre ébranlement, un léger choc peuvent suffire à le faire tomber.

« Voici leur description :

« Sur le mur semi-circulaire de l'abside : d'abord un soubassement (hauteur 1 m. 32) bordé en bas, de une, et en haut de deux bandes unies ocre rouge, et orné d'un rinceau linéaire de même couleur, sur champ blanc jaunâtre. Au-dessus, au milieu, une petite fenêtre étroite et allongée (aujourd'hui condamnée) sur l'embrasure de laquelle se voient des traces d'un rinceau semblable. De chaque côté de cette fenêtre sur une seule ligne, deux compartiments rectangulaires (hauteur 1 m. 75, largeur 1 m. 50 environ). Le premier à gauche du spectateur est entièrement détruit. Le second représente le supplice de saint Jean-Baptiste. Le bourreau, l'épée sanglante sur l'épaule, pose la tête du précurseur dans le plat que lui tend Salomé debout sur le pas de la porte d'une tour crénelée ; le corps du martyr, décapité, à genoux, les mains jointes tendues vers le sol, sort à moitié de la prison. La robe de Jean

et celle de Salomé sont rouges, la tunique
du bourreau vert olive, le fond vert gris.
Sur les créneaux de la prison, en caractères
gothiques : *decollatio s*[ti] *Joannis ;* sur la tête
du bourreau : *spiculator;* sur la tête de Jean :
caput s[ti] *Joannis ;* sur Salomé, ou plus exactement sur la tour : *puella.* Dans le compar-
timent placé de l'autre côté de la fenêtre,
Salomé apporte la tête du saint à Hérodiade
assise auprès d'Hérode à la table du festin
qu'un homme paraît servir. Enfin, au dernier,
trois personnages nimbés avec des manteaux
ont l'attitude qu'on est accoutumé de voir à
ceux penchés vers l'enfant Jésus dans les Na-
tivités. Mais la perte de toute la partie infé-
rieure empêche de préciser le sujet.

« Ces deux scènes ont sur le fond des ins-
criptions devenues illisibles.

« A la voûte : au milieu, dans une grande
auréole coupée par une sorte d'arc-en-ciel,
le Christ assis, drapé, avec le nimbe cruci-
fère ; de la main droite il bénit, de la main
gauche il tient le globe. A droite, au bas,
un lion ailé et nimbé, debout, les pattes de
devant sur un livre ; c'est l'emblème de saint

Marc dont le nom, *Marcus*, est inscrit à côté en gothique. Au-dessus de lui, un ange à genoux, en longue robe blanche, emblème de saint Mathieu. A gauche, au bas, un taureau ailé et nimbé, debout, les pattes sur un livre, emblème de saint Luc. Au-dessus la symétrie semble exiger l'aigle, emblème de saint Jean, le quatrième évangéliste ; mais on a bien de la peine à en retrouver la forme. Les couleurs de toute cette grande composition ont été altérées par l'humidité.

« Ces fresques nous paraissent cependant pouvoir être considérées comme probablement antérieures à celles dont le quinzième siècle nous a laissé de si beaux spécimens.

« Les personnages sont surmontés chacun de leur nom comme d'une étiquette ; c'est le trait le plus archaïque. »

Après lecture de cette description, comprendra-t-on qu'il n'ait rien moins fallu que le passage à Saint-Dalmas de M. Levrot pour me révéler à moi-même l'existence de ces fresques ?

<h1 style="text-align:center">TABLE</h1>

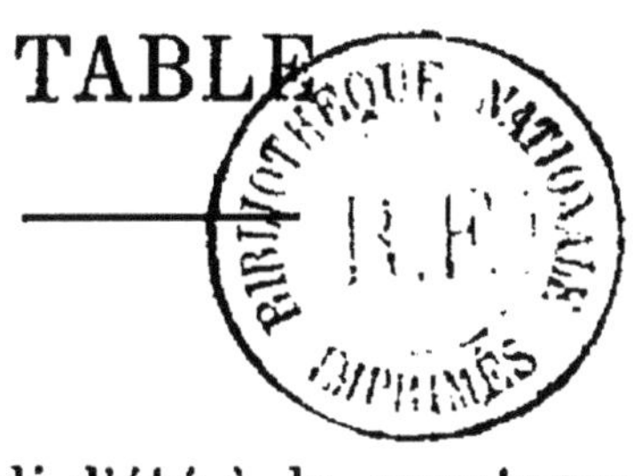

www.ingramcontent.com/pod-product-compliance
Ingram Content Group UK Ltd.
Pitfield, Milton Keynes, MK11 3LW, UK
UKHW020150130726
13696UKWH00002B/446